U0484650

中国工业发展之路

武汉长江大桥

中国科学技术协会 组编
亢宾 编著

中国科学技术出版社
中共中央党校出版社
·北京·

图书在版编目（CIP）数据

武汉长江大桥 / 亢宾编著. -- 北京：中国科学技术出版社：中共中央党校出版社，2022.10
（红色工业）
ISBN 978-7-5046-8987-0

Ⅰ. ①武… Ⅱ. ①亢… Ⅲ. ①桥梁工程－建筑史－史料－武汉 Ⅳ. ① U44-092

中国版本图书馆 CIP 数据核字（2021）第 039491 号

总策划	郭 哲 秦德继
策划编辑	李 洁 符晓静 张敬一
责任编辑	李 洁 史朋飞 桑月月
封面设计	北京潜龙
正文设计	中文天地
责任校对	吕传新
责任印制	徐 飞

出 版	中国科学技术出版社 中共中央党校出版社
发 行	中国科学技术出版社有限公司发行部 中共中央党校出版社
地 址	北京市海淀区中关村南大街 16 号
邮 编	100081
发行电话	010-62173865
传 真	010-62173081
网 址	http://www.cspbooks.com.cn

开 本	720mm×1000mm 1/16
字 数	135 千字
印 张	13.75
版 次	2022 年 10 月第 1 版
印 次	2022 年 10 月第 1 次印刷
印 刷	北京顶佳世纪印刷有限公司
书 号	ISBN 978-7-5046-8987-0 / U·99
定 价	62.00 元

（凡购买本社图书，如有缺页、倒页、脱页者，本社发行部负责调换）

不忘初心，方得始终

鸦片战争以来，为了改变中华民族的命运，一代代仁人志士苦苦寻求救亡图存、民族复兴的道路。但是，从洋务运动的"自强求富"、维新派的"工商立国"、民族资本家的"实业救国"到割据军阀的"实业计划"等，均以失败告终。旧中国工业发展历程证明，没有先进理论的指导，任何政党和团体都不能带领中国完成工业革命，更不能完成社会革命和实现民族复兴。

1921年，中国共产党在嘉兴南湖一条游船上诞生。从此，中国共产党领导中国人民披荆斩棘、筚路蓝缕、艰苦创业、砥砺奋进，走过了艰难曲折的奋斗历程，创造了举世瞩目的辉煌成就，书写了波澜壮阔的历史画卷，留下了弥足珍贵的精神财富。

中国共产党成立伊始，就与工人阶级紧密联系在一起。安源煤矿、京汉铁路、香港海员的工人运动的胜利，展现了中国工人阶级坚定的革命性和伟大的斗争力量。中国共产党走上武装斗争道路之后，红色工矿企业成为革命物资的重要支撑，人民军工从一开始就确立了听党指挥跟党走的血脉基因。中央苏区时期先后创办了官田中央红军兵工厂、造币厂、纺织厂、西华山钨矿、公营纸厂等；安源煤矿、水口山铅锌矿等的产业工人是红军重要的技术兵种来源。抗日战争时期，军工部门领导成立了边区机器厂、延长油矿、盐矿、煤矿、黄崖洞兵工厂等，为坚持敌后抗日战争、夺取抗日战争的最后胜利做出了重要贡献，同时培养出刘鼎、李强、沈鸿、吴运铎、刘贵福等一大批军工骨干。解放战争时期，在东北解放区接收、创办了我军历史上第一个大型现代化兵工联合企业——建新工业公司，为中华人民共和国的建立做出了不可磨灭的贡献；东北铁路总局掌握的运输力量，为解放战争提供了重要后勤支持。

中华人民共和国成立后，在中国共产党的带领下，全国人民艰苦奋斗，在"一穷二白"的基础上，经过"三年恢复期"和两个"五年计划"，建立了独立且较为完整的基础工业体系和国防工业骨架。"三五"时期开始的三线建设提高了国家的国防能力，改善了我国国民经济布局。20世纪70年代初期，在国际形势缓和的形势下，开始了从美国、法国、日本等大规模引进成套技术设备的"四三方案"和"八二方案"，开始同西方发达国家进行大规模的交流与合作。

中华人民共和国成立后的近30年，中国共产党领导中国人民走完了西方发达国家上百年才走完的工业化道路，为改革开放后的全面腾飞打下了坚实基础。如今，中国已成为覆盖联合国产业分类中所有工业门类的制造业大国，工业增加值居全球首位。中国工业建设所取得的巨大成就，完美诠释了中国共产党为中国人民谋幸福、为中华民族谋复兴的初心和使命。

中国科协作为中国共产党领导下的人民团体，是广大科技工作者的精神家园。记录中国革命、建设、改革、复兴事业不断前进的艰辛历程，发掘工业遗产中蕴含的红色元素，以红色工业故事为切口讲好历史，传颂广大科技工作者、工人劳模的光辉事迹，传承好红色基因，赓续红色精神血脉，是科协组织义不容辞的责任。

百年征程波澜壮阔，百年初心历久弥坚。在加快建设科技强国、实现高水平科技自立自强的目标的引领下，新时代的科技工作者应该从党的百年光辉历程中汲取历史营养，汇聚奋进力量，始终听党话，永远跟党走，大力弘扬和践行以"爱国、创新、求实、奉献、协同、育人"为核心的科学家精神，以永不懈怠的精神状态和一往无前的奋斗姿态勇担建设科技强国的历史使命，推动新时代科技事业高质量发展，在建设社会主义现代化国家的新征程中做出更大贡献！

不忘激情燃烧的红色岁月，奋进波澜壮阔的强国之路，谨以此书系献礼中国共产党第二十次全国代表大会。

中国科协党组成员、书记处书记

"红色工业"丛书编辑委员会

主　任：申金升
副主任：石　楠　张柏春
成　员（按姓氏笔画排序）：
　　　　于海宏　史朋飞　冯立昇　毕海滨　刘　萱
　　　　刘向东　刘伯英　齐　放　李　洁　杨　玲
　　　　吴善超　陈　玲　陈东林　符晓静　潜　伟

主　编：申金升　潜　伟
副主编：毕海滨　刘向东
编写组（按姓氏笔画排序）：
　　　　王巧然　亢　宾　冯书静　孙正风　李小建
　　　　武月清　赵其红

目录
CONTENTS

001 / 第 1 章
原始人依靠树干过小溪，这成为初期桥梁的雏形

017 / 第 2 章
被江水分隔的武汉三镇，造桥夙愿何日才能实现

035 / 第 3 章
旧政权虽多次筹划设计，终因国力不济未成现实

059 / 第 4 章
唯新中国梦想才能成真，建桥计划获得中央批准

085 / 第 5 章
中苏携手共建长江大桥，新方法节省了建桥时间

107 / 第 6 章
建设者们发挥聪明才智，为建桥研制了多种机具

117 / **第 7 章**
攻坚克难架设正桥钢梁，一桥飞架天堑终变通途

137 / **第 8 章**
万众齐欢庆大桥终建成，谱写桥梁建设的新篇章

155 / **第 9 章**
为祖国建桥而付出毕生，后世应记住他们的名字

175 / **第 10 章**
天际线那边的一抹彩虹，叹服大桥上的美学艺术

193 / **第 11 章**
长江大桥的功劳与作用，"桥坚强"真不是吹出来的

209 / 参考文献

红色工业

第 1 章
CHAPTER ONE

**原始人依靠树干过小溪，
这成为初期桥梁的雏形**

远古时期，人类钻木取火，架木为桥，从此人类历史中便有了桥。随着人类社会的发展，桥的形式变得多种多样，建桥的材料也逐渐多样化，如我国古代著名的石拱桥——赵州桥、土耳其最古老的石拱桥——卡雷凡桥以及我国现代的世界级桥梁——北盘江大桥、横跨伶仃洋的桥梁——港珠澳大桥等，不同的结构、不同的样式，但都具有各自的传奇。

在讲述建设武汉长江大桥的动议、筹划、勘测、选址、设计和建造故事之前，有必要把桥梁的出现及作用先作一简要介绍，以利于加强大家对武汉长江大桥故事的认知。

中国是桥梁大国、建桥大国，世界桥梁建设史上的很多"之最"纪录都是由中国人创造和保持的，且这些纪录又很快在中国被刷新。有些桥梁，尤其是近几年来建造的桥梁，如2016年12

△ 云南和贵州交界处的北盘江大桥

△ 由桥梁、岛屿、隧道组成的港珠澳大桥

月竣工的云南和贵州交界处的北盘江大桥，从河面到桥面的距离高达565米，为目前世界上最高的桥。

2018年10月建成的港珠澳大桥，总长度为55千米，横跨伶仃洋海域，把香港、珠海、澳门连在了一起。这座由桥梁、岛屿、隧道组合而成的跨海大桥，从开工那一刻起，就连续创造世界纪录，其建造技术之复杂、施工难度之高、工程规模之大，在世界桥梁建设史上都是绝无仅有的。被称为现今世界上最长的跨海大桥。

这些桥梁已成为中国亮丽的名片，值得国人骄傲。正如我国著名桥梁专家茅以升先生1977年11月出版的《桥梁史话》的序言中所说：" 桥梁是一国文化的表征，我国文化悠久，自古以来建成的桥梁不计其数，其中多有划时代的杰出结构，对世界人类，做出了巨大贡献。这类桥梁都是我国宝贵的民族遗产……"另外，1962年12月的《人民文学》*杂志曾刊载茅以升先生的《桥话——喜看天堑变通途》中写道："桥的技术、艺术、学术总是逐步发展的。我国的桥在这三方面都有光荣传统。在这基础上汲取了近代科学技术成就，中国桥在世界上就别具风格。这主要体现在中华人民共和国成立后的桥梁建设。武汉长江大桥和南京长江大桥先后建成，都规模宏伟，显示出我国桥梁新技术……"

桥梁作为一种特殊的建筑，它的作用就是跨越河流、峡谷、道路及其他需要跨越的障碍的。作为一种由水面或地面突起的、架设在空间的建筑，桥梁可以连接障碍两端的路，使人、车辆方便地跨越这些障碍顺利前行。现在我国的高速铁路建设，很多都是以桥代路的方式建造的。这种以桥代路建造高速铁路的主要目

---

* 《人民文学》杂志创刊于1949年10月25日，是中华人民共和国成立后创办的第一种国家级文学杂志，主要发表中短篇小说、散文、随笔、诗歌及报告文学等文学作品。当年，应《人民文学》杂志第一任主编茅盾先生之请，毛泽东主席为《人民文学》杂志创刊号挥毫书写了题词——"希望有更多好作品出世"，并由郭沫若先生题写了《人民文学》刊名。《人民文学》杂志始终站在当代文学的前沿，矢志不渝地推动文学向前发展。从广阔涌动的人民生活中汲取营养与力量，并见证了一代又一代作家的探索与创作。是深受中国人民喜爱的著名文学杂志。现由中国作家协会主办。

的就是减少对土地资源的占用,也便于跨越沿线其他的铁路、公路等。

从古至今,人们出行,或步行,或乘车、乘船,都会经过一些或大或小的桥梁。人们就会有疑问,世上大大小小、形态各异的桥梁是怎么形成的,又是如何演变发展的。这就要从原始社会谈起了。原始社会的人类聚落,很多是择水而居的,目的是有了水的阻隔,既可以防止野兽侵袭,又便于进行渔猎生产。但也因为原始聚落周围有水阻隔,造成了人们出行的不便。这就需要架设能够跨越河流的设施,来便利人们出行。原始人就是在这样的矛盾中不断进化和发展的。他们既选择在水边居住生活,又不希望出行时被山水阻隔,渴望架设能够跨河越水的设施——桥梁。这便是原始人对桥梁最初的期盼。

从桥梁的"桥"的汉字字形结构可以看出,这个字左边是木字旁,右边是乔木的乔,也就是说"桥"原本是一种比较高大的乔木,因为生长得足够高大,无论是因为自然原因而倾倒还是人为砍伐而倒下,只要本身够长,倾倒在小溪、河流两侧时,就能连接溪流、河谷的两岸,从而形成了原始的独木桥。

原始人作为已经进化了的智慧动物,虽然已会使用简单工具捕鱼、狩猎,但还不会用工具建造桥梁。那么这时的人在遇到溪流、沟壑阻碍时,又是怎样跨越障碍的呢?最初人类是利用自然原因,如雷击、地震等折断、倾倒的树木,或利用因地壳变化、侵蚀形成的天然石梁和石拱，或利用河流、溪水中被洪水冲来的较大石块，又或利用森林中那些纠缠攀缘的藤蔓植物等作为他们跨越溪流、沟壑的工具，这些就成为桥的雏形。

△ 原始人利用自然倾倒的树干形成的独木桥跨过溪流

在原始人利用自然原因形成的天然桥跨越水道、山谷后，部分高度进化的人类已不满足于仅靠自然形成的桥出行了，于是便

△ 自然界由树根和藤蔓形成的桥

开始人工造桥。早期的人造桥梁多由木材、竹藤、石材等建造。其中，跨越水域的木质桥因容易糟朽，不容易长久留存，所以留存至今的木制桥几乎不存在。石质桥，由于材质特性，不仅坚固，而且易于长时期留存，所以中国和外国至今仍存有少量的古代石桥，它们成为人们了解桥梁发展历史的实物见证。

在我国丰富的古代典籍中，关于桥的记载也有很多。例如，春秋时期晋国史官和战国时期魏国史官所作最早的编年史书《竹书纪年》*，以及后续的《考工典拾遗记》，分别记载了我国最早（约公元前 2100 年）的堤梁桥的雏形。且有言"舜命禹疏川奠岳，济巨海，鼋鼍而为梁。"和"周穆王三十七年（约公元前 965 年）伐楚，大起九师，东至九江，驾鼋鼍以为梁。"鼋鼍是一种体型较大的龟类水生生物，在浅溪中，它们会露出龟背，就像水中露出的大石头。因此，

* 《竹书纪年》成书的具体年代目前尚不可考，但公认它已存世 1700 年，于西晋时被盗墓者发现，后被论者称具有颠覆性。论者这样说有两种原因，第一种是它被历代学者认为史料价值很高，其中有多处内容弥补了其他史料的不足，纠正了其他史料中的一些错误，正因为这一点，说明它不是胡乱编造的年代史。第二种是其内容具有一定的震撼性，因为它关于尧舜传位的记载与《史记》中的记载完全不同，它的记述是舜囚禁尧夺权。而这一点是孔子及儒家理想的价值支柱和事实依据。目前，学术界对它的争论仍在继续。

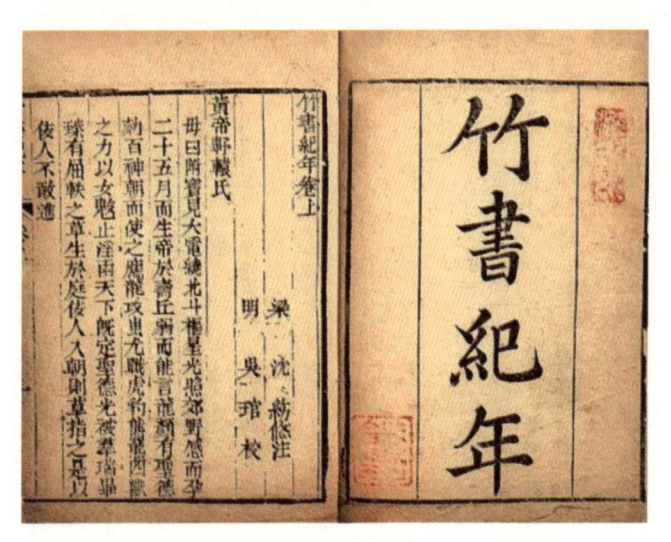

△ 我国古代史书《竹书纪年》

第 1 章　原始人依靠树干过小溪，这成为初期桥梁的雏形

古人为了步涉溪流、小河，便将大小砾石抛置溪水或河流中，在水中形成一个接一个的石磴，踩着这些石磴跨过溪水或较浅的河流，如同踩着鼋鼍的背部过河。这就是堤梁式桥的雏形。

另外，《诗经》《史记》《战国策》《外纪》《汉书》等我国古代的典籍和各地的《通志》中均记载了不同朝代的桥梁。《说文解字》中写道："桥，水渠也。"《说文解字注》中也提道："梁之字用木跨水，则今之桥也。"古人受到自然赐予的"天生拱桥"和"大风吹倒树干，恰巧落在溪上，形成圆木独梁桥"的启示，基于人类的智慧和创造力，造出了多种形式、不可计数、备受后人赞叹的桥梁。古代的一些诗人也曾用诗句描绘早期桥梁的形式和作用。如元朝诗人萨都刺描绘苏州吴江的垂虹桥时作："插天带东势嵯峨，截断吴江一幅罗。江北江南连地脉，人来人往渡天河。龙腰撑云渔舟去，鳌背高驰驷马过。桥上青山桥下水，世人曾见几风波。"明朝诗人沈勖，在他的七律《善应桥》中也有"水从玉蜾腰间过，人在金鳌背上行。"* 这些诗句都说明，水中的"鳌背"是可以行走人马的，具有桥梁作用。

至于世界上第一座人工建造的桥，建于什么时候，建在什么地方，出自什么人之手，现在都没有定论，还需要考古工作者的深入考证。目前，被

---

* 诗句原文出自《古今图书集成》桥梁部。由明朝沈勖所作，为七言律诗。《善应桥》全诗：飞石攒空若画成，跨溪环洞巧经营。水从玉蜾腰间过，人在金鳌背上行。应有素书堪进履，岂无驷马更题名。适来偶倚危栏看，偏喜沧浪可濯缨。

△ 较浅溪流中由石块组成的踏步桥

△ 人类早期搭设的石板桥

第1章 原始人依靠树干过小溪,这成为初期桥梁的雏形

△ 据称是世界上最古老的人造石桥——土耳其的卡雷凡桥

公认的世界上现存最古老的桥是土耳其的卡雷凡桥。卡雷凡桥是一座石质拱形桥，建于土耳其境内伊兹密尔城附近的麦尔斯河上，是伊兹密尔城的著名古遗迹之一。据《吉尼斯世界纪录大全》记载，这座桥建造于约公元前850年，距今已有近3000年的历史。

东汉时期，人们对桥梁的认知逐渐加深。人们头脑中的桥多是浮桥、索桥、拱桥和梁桥，与近现代桥梁的形式划分基本吻合。从东汉时期画像砖的图案中就能了解古人对拱桥的认识。拱桥上

△ 我国东汉时期有拱桥图案的画像砖

有人马通过，拱桥下有舟船行驶。在中国，这种古老的石拱桥的典型代表就是安济桥。

安济桥又称赵州桥，建于河北省石家庄市赵县城南约 2.5 千米处的洨河上，是当今世界保存最为完整的古代单孔敞肩石拱桥，据传是隋代工匠李春设计建造的。

△ 赵州桥全貌

赵州桥建造于隋代开皇末年，即 595—605 年，距今已有 1400 多年的历史。这座桥全长 64.40 米，宽 9.6 米，其敞肩设计既可减少桥下河水通过桥梁时的阻力，又能减轻桥梁的自重。赵州桥的造型空灵美观，构思巧妙，堪称杰作。

赵州桥桥面两侧的栏板、望柱等无一不是隋代工匠制作的精品，至今为人所称道。赵州桥因其悠久的历史、科学的设计和精美的制造工艺，具有重要的历史、科学、艺术价值。1961 年 3 月，

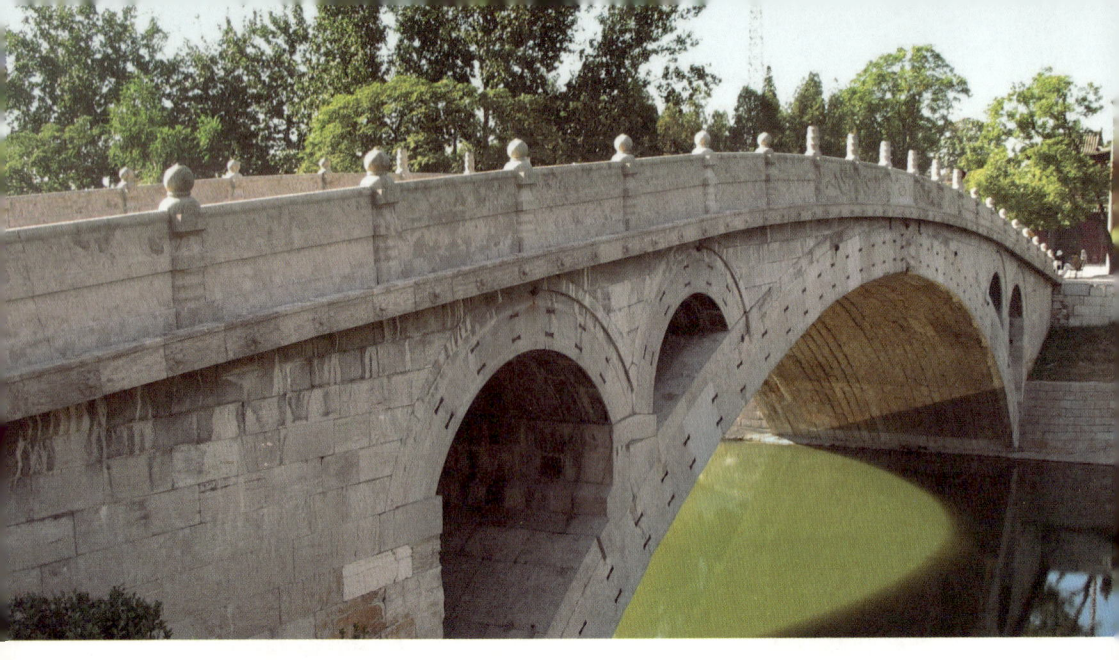

△ 赵州桥局部

赵州桥被国务院列为中国首批全国重点文物保护单位。正是由于赵州桥集技术与艺术于一体，所以成为我国古代桥梁的经典代表。在这座桥被确定为首批全国重点文物保护单位30年后的1991年10月，这座桥又被美国土木工程师学会*选定为第12个国际历史土木工程里程碑，并在赵州桥旁竖立了标识牌。

有人说：桥是智慧的，它是人们涉水翻山的通道，是人类智慧的杰作；桥是科学的，从古代的广济桥、赵州桥、洛阳桥、卢沟桥到近现代的钱塘江大桥、武汉长江大桥等都是建筑学上的瑰

* 美国土木工程师学会自1964年开始，每年评选出世界上具有里程碑意义的工程建筑和古迹，授予国际土木工程历史古迹称号，并于该建筑或古迹所在地竖立铜匾、石碑为纪念。美国土木工程师学会现已为澳大利亚、法国、英国、中国、巴拿马、葡萄牙、伊朗等国家的部分建筑、古迹等设立了纪念铜匾。

宝；桥是心灵的，人们喜欢用桥梁比喻沟通的纽带，用在人与人之间搭建起"心桥"来形容人与人之间心灵的交流；桥是文化的，桥梁充满了文化气息，历经千年时光，熠熠生辉。

从桥梁本身来说，人类曾选用竹木材料、砖石材料、钢筋混凝土材料、钢铁材料等搭建桥体，实现其功用。建桥材料的演化也成为桥梁建造技术史的主要线索，是人类使用工具造桥的历史见证。从古至今，无论人类是利用自然还是依靠自己，各种各样的桥梁不断被建造。除体现出人类的聪明智慧外，更反映了人类适应自然的创造力。历朝历代的能工巧匠的造桥方法、技术、工艺及他们因地制宜、大胆创新的精神，虽历经千百年，却历久弥新，更显珍贵，是古人留给我们的宝贵财富。

翻越山岭要靠隧道，隧道改变了山峦遍布的国家面貌。跨越江河要靠桥梁，桥梁改变了水网密布的国家面貌。正是因为隧道和桥梁，人们才能翻山越岭、跨越江河，所以，修建隧道和桥梁始终为人类所重视。

△"全国重点文物保护单位"名牌　　△"国际土木工程历史古迹"纪念牌

第1章　原始人依靠树干过小溪，这成为初期桥梁的雏形

红色工业

第 2 章
CHAPTER TWO

被江水分隔的武汉三镇，造桥夙愿何日才能实现

武汉三镇物华天宝、人杰地灵,孙中山先生曾称这里是「内联九省、外通海洋」的大商埠,但一直以来被长江和汉江阻隔,虽隔水相望,却常年往来不便。

「黄河水,长江桥,治不好,修不了。」这首民谣把以前治不好的黄河水与建不了的长江桥并称为中国最难办到的事情。因为经常泛滥成灾的黄河水患和被长江阻隔的中国南北交通是与人民生活息息相关的大事,所以治理黄河水和建造长江桥成了千百年来中国人的夙愿。

讲述武汉长江大桥的故事，先要从武汉三镇说起，武汉长江大桥的建造与武汉三镇有着密切的联系。武汉三镇是我国长江*、汉江（汉水）两条河流交汇处的地域，是武昌、汉口、汉阳三座城镇的合称，范围包括现在武汉市的七个中心城区。这三座城镇隔江鼎立，所以，自古称其为武汉三镇。

* 长江（旧称扬子江）是我国最长的河流，全长超过6380千米，年入海水量近1万亿立方米，占我国所有江河年入海总水量的1/3以上。长江发源于青藏高原，其干流流经青海、西藏、云南、四川、重庆、湖北、湖南、江西、安徽、江苏、上海11个省、自治区、直辖市，流域面积为180万平方千米，约占我国国土总面积的1/5。长江分为三段，湖北宜昌以上为上游，宜昌至江西湖口为中游，湖口至入海口为下游。

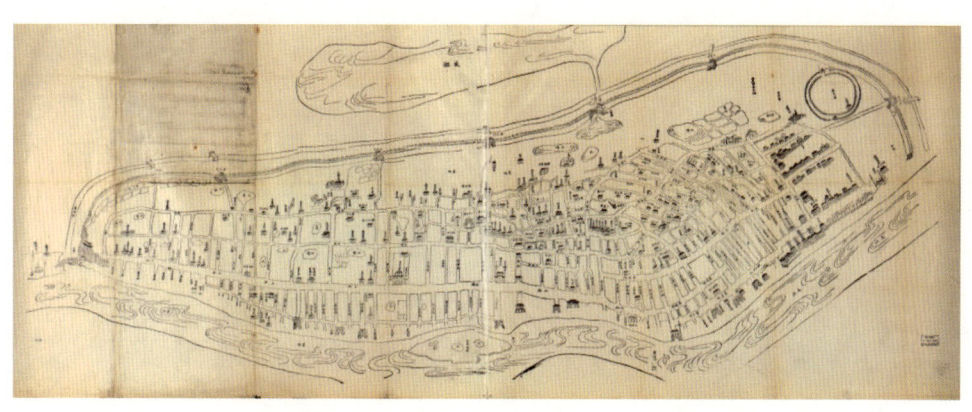

△ 1877年的湖北汉口镇街道图

第2章　被江水分隔的武汉三镇，造桥夙愿何日才能实现

△ 1930年绘制的武汉三镇鸟瞰图

　　这里有着得天独厚的地理位置及气候。有一首民谣把武汉三镇概括为：一线贯通，两江交汇，三镇雄峙，四海呼应，五方杂处，六路齐观，七星高照，八面玲珑，九省通衢，十指连心。其中，"一线"指京广铁路（原卢汉铁路、京汉铁路），"两江"指长江及其最大的支流汉江，"三镇"指武昌、汉口、汉阳三座城镇，"五方杂处"指三镇的人口构成。

　　武汉三镇位居中国腹地，长江中游，这里物华天宝、人杰地灵，地理优势明显。曾被我国革命先行者孙中山先生誉为"内联九省、外通海洋"的大商埠。孙中山先生曾在《建国方略》中这样写武汉："武汉者，指武昌、汉阳、汉口三市而言……于汉水口以桥或隧道联络武昌、汉口、汉阳三城为一市。"那时的武汉三镇在建制上并未统一，而孙中山先生却将三镇视为一体，这是极具战略眼光的。清末时期，武昌成为湖北的政治中心，汉口成为重要商埠，汉阳也有了一定的近代工业基础。但这样人杰地灵的地方，却一直被长江和汉江分隔。所以武汉三镇的人们多少年来就盼望着能建造一座桥，使三镇能够相互联通。

* 轮渡指铁路列车在经过江河时，如果江河上暂未架设桥梁，就可以采用轮渡方式通过江河。当铁路列车到达江河渡口码头时，必须把列车分解为几段（组），然后在机车牵引下，经过轮渡桥把车辆推送上铺设有轨道的渡轮，渡过江河并抵达对岸渡口码头后，铁路列车再由机车牵引上岸重新编组，之后就可以继续前行了。

中华人民共和国成立前，由于在长江上没有一座永久性的大桥，客货运输车辆和人马只能依靠轮渡*过江，长江上的交通不便持

△ 未建武汉长江大桥前运输人员、货物的车辆要依靠轮渡过江

续了数千年。自古以来,生活在江边的人们盼望着能够架设桥梁,联通各处,方便出行。武汉三镇、长江两岸的人们曾传唱一首民谣:"黄河水,长江桥,治不好,修不了。"这首民谣把以前治不好的黄河水与建不了的长江桥并称为中国最难办到的事情。因为经常泛滥成灾的黄河水患和被长江阻隔的中国南北交通是与人民生活息息相关的大事,所以治理黄河水和建造长江桥是千百年来中国人的夙愿。

武汉长江大桥所在的武汉市处在江汉平原*东部,长江中游,现在是湖北省的省会,长江经济带的核心城市,地域总面积8569.15平方千米,现下辖13个区。武汉的地方建制始于西汉时期,当时这里属江夏郡沙羡县管辖。东汉末,在现在的汉阳区兴建了却月城和鲁山城,在现在的武昌蛇山兴建了夏口城。到隋代设置了江夏县和汉阳县,两宋时期,武昌属鄂州,汉阳、汉口属汉阳郡。元代,武昌成为湖广行省的省治,这是历史上武汉首次成为一级行政单位。武汉由武昌、汉阳、汉口三部分组成,武汉三镇在历史上形成的时间顺序是江北的汉阳先于江南的武昌,而汉口在明代前

* 江汉平原位于湖北省中南部,是长江与汉江冲积形成的。其西起宜昌枝江,东迄武汉,北抵钟祥,南与洞庭湖平原相连,面积约为4.6万平方千米。处于两湖盆地西部和中部,这里河流纵横交错,湖泊星罗棋布,是长江中下游平原的重要组成部分。与洞庭湖平原合称两湖平原,平均海拔27米左右,是中国海拔最低的平原。

只是毗邻汉阳的一个水曲荒洲。明代成化年间，汉口逐渐形成集镇。清代咸丰年间，清政府与俄国、美国、英国、法国等签订了《天津条约》*。将中国汉口辟为对外通商口岸。1861年，汉口正式开埠。

* 《天津条约》是清政府于1858年6月13—27日与俄国、美国、英国、法国签订的不平等条约。1858年6月13日签订了《中俄天津条约》，1858年6月18日签订了《中美天津条约》，1858年6月26日签订了《中英天津条约》，1858年6月27日签订了《中法天津条约》。

△ 1858年《天津条约》签订后，汉口被辟为对外通商口岸，此时汉口的长江边已建起多栋外国租界房屋

第2章 被江水分隔的武汉三镇，造桥夙愿何日才能实现

开埠后的汉口虽然成了列强倾销各种商品、掠夺中国资源、输出本国资本的场所，但也推动了中国近代工业化的进程，并逐渐形成了近代城市的基本格局。同时，这也验证了孙中山先生在《建国方略》中预言的："未来武汉将更为重要，确为世界最大都市之一矣，尤其在商业方面，立足要把三镇建成中国最重要的商业中心，最终使武汉成为可与纽约、伦敦相媲美的世界大都市。"所以人们常说，中国近代国际商贸的聚集地是汉口、中国近代工业的发源地是汉阳、民国的诞生地是武昌。这三地共同奠定了武汉三镇的重要地位，奠定了武汉自近代以来的繁荣。

当年美国《纽约时报》*驻中国的特约记者 T.W.K 在 1877 年 12 月 26 日从中国汉口发给该报的一篇特稿中，对中国长江和汉口有所描述。这篇特稿的标题是"在大清国的心脏旅行——扬子江游记"，由于这篇特稿篇幅较长，所以这里只选取其中描写扬子江和武汉三镇的内容，用以说明当年扬子江的航运状况及武汉三镇的商贸

---

* 《纽约时报》简称《时报》，是一份在美国纽约出版的日报，面向全世界发行，在当时具有相当高的影响力，1851 年 9 月 18 日创刊时，所用名为《纽约每日时报》。1857 年 9 月 14 日改为《纽约时报》。亨利·贾维斯·雷蒙德是《纽约时报》的创始人。1996 年 1 月，纽约时报公司建立了自己的报纸网站，提供《纽约时报》的在线阅读。1999 年，纽约时报公司整合了网络方面的业务，成立了独立核算的数字《纽约时报》部门，负责《纽约时报》网站和波士顿环球网在内的 40 多个网站的业务，并设有各种类型的数据库以供读者查阅。

情况。这篇特稿开篇就写道:"蒸汽火轮在扬子江上定期航行营运已有15个年头了,这项业务最初还是由美国公司发起的(原文注:1862年,美国旗昌轮船公司在中国首开汉口至上海的内河航线,中国近代内河航运自此开始)。扬子江非常适合火轮船的航行*,因为她是世界上最大的河流之一。亚马逊河排名第一,密西西比河屈居第二,扬子江则位列第三。许多人认为扬子江的水容量更大,应该排在密西西比河的前头……不过,我还是寄望自己的这次扬子江之旅能进一步澄清这个问题。"

特稿写道:"扬子江是大清国最大的河流,看起来的确与我们自己的密西西比河不相上下,它下游航道的水流量也与我们的相差无几。扬子江在它入海处伸展为一个硕大无比、绵延百里的广阔港湾。汉口这儿距扬子江的出海口还有600多英里(965.6多千米)。它就好比是密西西比河的纳奇兹或维克斯堡。我搭乘的这艘轮船的船长说,扬子江在这儿的流速大约每小时4英里(约6.4千米)。我昨天是搭乘一条清式舢板**从汉口横渡到武昌来的,武昌

---

* 按照1858年清政府与俄国、美国、英国、法国签订的《天津条约》,外国取得了在中国内河的航行权,这几个国家的各式船舶,可以沿着中国四通八达的水道深入中国腹地,如入无人之境。

** 舢板又称舢舨。板与舨为通假字。其是一种小型木船,也叫"三板",原意是用三块木板制成的小船,一种结构极其简单的小型木板船,没有甲板。民用舢板通常可以乘3~4人,军用舢板可乘10人左右。至今舢板仍在我国一些地区使用。

第2章 被江水分隔的武汉三镇,造桥夙愿何日才能实现

与汉口遥遥相对，位于扬子江的南岸。有两名船工划着这条舢板，他们划得又快又好。舢板先是笔直横跨河流，然后顺水漂到对岸，速度还是蛮快的。渡河时江水舒缓平静，我们横渡这 1.25 英里（约 2.0 千米）宽的河岸时向下游漂流了约 1 英里（约 1.6 千米）。当你从武昌这边的塔楼上，或是从汉口那边的山顶俯瞰时，扬子江的恢宏气势一定会深深地把你感染，你也就不会因为大清国人常把扬子江称为'大江'或'大河'而大惊小怪了。"

"汉口以下 100 英里（约 160.93 千米）的河岸是平坦的，芦苇丛生的沙洲让人强烈地联想起密西西比河下游的沼泽。连绵的芦苇往下一直延续了二三百英里，岸上不见人烟……"

特稿接着写道："汉口坐落在扬子江低洼地带的转弯处，汉江从北方流到这里与扬子江交汇。汉阳位于江、汉两水之间的三角地带。武昌是湖北省会。在汉口和汉阳之间耸立着一座 600 米高的山峰，雄峙江岸，让登临的人油然而生无限遐想。前天日落时分，我去登山，在山上逗留至夜幕低垂。脚下是滔滔的江水，滚滚流向海洋。在扬子江与汉江的交汇处，我能遥远地追寻到江水那弯弯银丝般斜穿过绿色平原的缕缕痕迹。向西方望去，是夕阳照耀下的重重山峦，低低的天空中漂浮着金色和紫色的云彩。向南看去，则是炊烟袅袅的山村，再往前便是高墙矗立的武昌城了……武昌、汉口、汉阳三镇在太平天国起义时，遭遇兵乱，有 3/4 的建筑被夷为平地……"

"汉口在清朝是国土中部一个非常大的贸易中心。据说原来的汉水口附近的江面上经常漂满各式各样的船只，非常稠密。一个人如果散步，他可以从这条船的甲板跨到另一条船的甲板，然后一条船接一条船地走下去，连续走几个小时也不会掉到水里。而眼下，我被告知，港口停靠的船已远不如从前那么多，然而我仍然看见江面上各式船舶的桅杆如森林一样密集。大量的茶叶、毛皮、丝绸、蜂蜡等从扬子江和汉江的上游向这里运来。这些东西一则为当地消费，二则可以出口。从汉口直接出口英国的茶叶数量非常大，每年英国商人都用尽可能少的时间往来于这里和伦敦之间运送货物。"

这篇刊登在1877年12月26日《纽约时报》的特稿距现在已有140多年了，特稿的内容虽然带有一定的主观色彩，但这位记者对他经过的长江沿岸及武汉三镇的人文景物的描绘还是颇具文学表现力的，即使今天读来，仍令人心旷神怡。虽然这篇特稿中没有提到任何有关桥梁的信息，但作者称："扬子江流域和中国腹地武汉三镇为大清国的心脏地带。"足见这一地区在中国的重要性，从其描写的扬子江沿岸内河航运的发达、武汉三镇的对内对外的经贸往来和当地人的社会生活，均可看出在长江流域和武汉三镇架设桥梁的重要性。

根据1919年8月31日美国《纽约时报》驻中国记者发回该报的消息："民国最大棉纺厂之一即将建在武昌北部，这个有

4万锭的新棉纺厂计划安装1000台织机，这些机器将从英国和美国购进。新棉纺厂计划招募2000名工人，厂方将为他们修建2000间集体宿舍。"这也预示着，中国将很快发展自己的纺织工业，一旦武昌北部的棉纺厂建成并生产出棉纺品后，这些棉纺品的外运是很重要的问题。1919年8月31日美国《纽约时报》刊登的"民国最大的棉纺厂之一即将建在武昌北部"的消息，应该是1919年建成投产的武昌第一纱厂北厂。1923年该厂又增建了南厂。共征地300亩，设纺、织两厂，拥有纱锭8万枚、布机1200台、工人8000名，成为当时华中地区最大的纺织厂。从1892年11月清政府在武昌设立湖北官布局起，武汉近代纺织业的大幕便拉开了。随着湖北布、纱、丝、麻四局相继设立，湖北形成了比较完备的近代纺织工业体系，使武昌在清末民初成为华中地区最大的纺织业中心。武昌第一纱厂是武汉首家由民族资产阶级创办的纺织工厂，民间称"一纱"。武昌第一纱厂办公楼旧址于2008年3月27日被湖北省人民政府确定为省级文物保护单位。

　　有观点认为，在中华人民共和国成立前长江上从未建造过桥的说法并不准确。因为在西周时期、东汉时期、唐宋时期、明代末期、晚清时期都在长江上出现过因军事需要而搭建的浮桥。但是从未建造过既便利两岸的往来，又不阻挡水上原有交通的真正意义上的永久性或半永久性桥梁。清代《四川湖北水道图》（原件现存于美国国会图书馆。它成图于清代初年，1934年由汉莫尔购买后存入该图书馆。原图并没有名称，后由中国人为它起名为《四川湖北水道图》》描绘了从岷江到湖北荆州段沿岸的自然和人文景观，记载了沿江两岸众多的亭台楼阁等名胜古迹，每处景观都有引人入胜的故事。

△ 现收藏于美国国会图书馆的《四川湖北水道图》画面之一

该图还用大量诗词歌赋、历史掌故等作为注释。其中有一段描述："夷陵以下有虎牙山、荆门山，昔公孙述依此做浮桥拒敌……"这里提到的浮桥就是公元33年割据称帝的公孙述为阻挡

第2章 被江水分隔的武汉三镇，造桥夙愿何日才能实现 029

刘秀的大军，在今宜昌下游搭建的横跨长江的浮桥，即"江关浮桥"。这是有史可考的在长江上建造的首座浮桥。而这座浮桥很可能是历史上在长江上修建的第一座桥。280年，长江西陵峡上建造了一座跨江铁制悬索桥。904年，瞿塘峡也曾建铁锁关浮桥。1853年前后，太平天国的太平军因军事需要，把武汉三镇用四座浮桥连在一起。这种浮桥被描绘为"用巨缆横缚大木，上铺木板而成"。这些都是武汉长江大桥建成前，长江上出现过的桥，但这些都不是永久性的桥梁，只是临时桥，而且这些临时桥在岁月的流逝中早已灰飞烟灭，不复存在了。

到了近现代，随着经济的发展和社会的进步，人们渴望在长江上架设桥梁的需求更为迫切。尤其是当连接中国南北的京汉铁路（北京—汉口）和粤汉铁路（广州—武昌）相继建成通车后，由于长江的阻隔，这两条干线无法连通，造成很多不便。于是，当局于1937年3月在长江北岸的汉口刘家庙站（今江岸站）与长江南岸的武昌徐家棚站（今武昌北站）分别建造了一座铁路轮渡码头。要过江的铁路列车，通过轮渡码头驶上渡轮，用渡轮把列车从汉口江岸的刘家庙码头运送至武昌的徐家棚码头。铁路列车从此便可由轮渡承载跨越长江。长江轮渡在鼎盛时期，轮渡码头共有四艘火车渡轮，它们分别是"北京号""上海号""汉口号""南昌号"，其中"北京号"渡轮的乘载量最大，一次能装载12节铁路车厢。那时，火车乘轮渡过长江曾是一道引人注目的景

△ 1937年建成的长江北岸汉口刘家庙站轮渡码头

△ 1937年建成的长江南岸武昌徐家棚站轮渡码头

观，一列火车依靠轮渡过长江需要2~3小时。后来，轮渡曾因战争等被迫停航，后于1957年武汉长江大桥建成通车后才停用。1966年，作为战备设施的铁路轮渡码头重新启用，直到2012年战备轮渡码头准备搬迁再度停用。

　　武汉三镇在抗日战争时期，还曾经历激烈战火的洗礼。1938年6—10月，中国军队以武汉为中心，在鄂周边的豫、皖、赣等地同侵华日军展开了一场大规模战役，这场战役又被称为武汉会战或武汉保卫战。在4个多月的会战中，中国军队浴血奋战，进行了大小数百次战斗，以伤亡40多万人的代价毙伤日军超过25.7万人，大大消耗了日军的有生力量。虽然日军最后攻占了武汉三镇（1938年10月25日夜攻占汉口，10月26日凌晨攻占武昌，10月27日攻占汉阳），但侵华日军希望的速战速决，迫使国民政府屈服以结束战争的企图被彻底粉碎。武汉三镇在战火中几乎被夷为平地，但这并没有吓倒英雄的武汉三镇人民，反而激起了他们保卫家园、奋起抵抗的斗志。武汉会战的进行不仅使侵华日军遭到了一次战略性失败，而且使侵华日军由战略进攻转向战略相持。这场战役不仅为中国军民开辟敌后游击战创造了有利条件，还极大地调动起中华民族团结抗日的爱国热情，同时对世界反法西斯战争做出了重要贡献。

　　多少年来，人们将"天堑""天险"等词与长江搭配使用，这充分展现了人们对长江的敬畏和对在长江上架设桥梁难度的认知。

经历过战火洗礼的武汉三镇人更珍惜和平的来之不易,他们期盼着在和平年代生活、出行更为便利,太需要一座连接三镇的跨江大桥了。武汉三镇人民的期盼,什么时候才能变为现实呢?

红色工业

第 3 章
CHAPTER THREE

旧政权虽多次筹划设计，终因国力不济未成现实

1906—1946年的这40年间，中国旧政权对在武汉附近的长江上建造桥梁一事虽有过8次动议、筹划、设计和桥址的地质、水文勘探，但终因旧政权的腐朽没落或其他问题而落空。

中华人民共和国成立前，在武汉附近的长江上建桥的实质性动议、筹划、勘测和设计共进行过8次。这8次包括清末时期的3次动议筹划和1次初步勘测及民国时期的5次规划和多次勘测设计。还有另一种说法，如果不包含清代末期的3次动议和初勘，民国时期共进行过4次规划设计。本着不割断历史的原则，便对清末时期的3次动议筹划和初勘及民国时期的5次规划均进行介绍。

旧政权的若干次建桥动议、筹划、勘测和设计是如何进行的，又是因何未能付诸实施？人们只有了解了为何中国旧政权虽历经数次动议、筹划建造长江桥却未能达成的历史过程，才能感受到中华人民共和国成立不久，党和国家就把建设武汉长江大桥一事提上议事日程并迅速实施的现实背景。反映出中国共产党领导下的人民政府，要用事实做深得民心的大事，以及在国家经济实力还很薄弱的情况下努力加快经济建设步伐的坚定决心。

1906年，中国的两条重要铁路，北京卢沟桥至汉口的卢汉铁路（后称京汉铁路、平汉铁路）建成并全线通车。另一条广州至武昌的粤汉铁路也在加速建造中。建造一座桥梁跨越长江和汉江以连接京汉、粤汉两条干线铁路并贯通大江南北的构想，引起了

△ 当年汉口的外国租界旁的长江上没有桥梁，人们出行只能依靠停泊在江边的各种船只

各方的关注。因这两条铁路都与武汉三镇相连接，而武汉三镇又是中国腹地的重要市镇，所以在武汉附近的长江两岸建造桥梁就成了首选。

武汉位于江汉平原上，地跨长江、汉江，为汉阳、汉口、武昌三镇鼎立之处，地理位置尤为重要。武汉三镇之间的往来，曾长期依靠舟船摆渡。而近代工业革命兴起后，一些新兴技术的发展为人们在长江之上建造永久性桥梁提供了可能。

目前，在有文献可考的记载中，最早提出在武汉建造一座跨江大桥构想的是清末重臣湖广总督张之洞*。1906年夏，曾有媒体报道："鄂督张香帅（鄂即湖北，督即湖广总督，张香帅即张之洞）近与司道提议，欲于大江中建一铁桥，由武昌接至汉口，再于襄河（汉江的别称，因为汉江过襄阳，所以汉江下游的百姓称其为襄河）建一铁桥，由汉阳接至汉口……将来二桥落成，既可免风波之险，且汉口一端可接京汉铁路，汉阳一端可接川汉铁路，武昌之桥则可接粤汉铁路云。"这便是目前文献中所见关于修建武汉长江桥的最早动议，或称第一次建长江桥的动议筹划。虽然当年这篇报道没有记载大桥修建的具体选址，但当时汉口沿江已

---

* 张之洞，祖籍直隶南皮（今河北省南皮县），出生于贵州兴义府（今安龙县）。字孝达，号香涛，任湖广总督时，人们皆称呼其为"张香帅"。他是晚清名臣、清代洋务派代表，16岁中顺天府解元，27岁中探花，被授翰林院编修。历任教习、侍读、侍讲、内阁学士、山西巡抚、两广总督、湖广总督、两江总督（多次署理，并未实授）、军机大臣等职，官至体仁阁大学士。他早年是清流派首领，后成为洋务派的主要代表。在教育方面，他创办了自强学堂（今武汉大学）、三江师范学堂（今南京大学）、湖北农务学堂、湖北武昌蒙养院、湖北工艺学堂、广雅书院等。政治上主张"中学为体，西学为用"。在近代工业方面，他创办了汉阳铁厂、大冶铁矿、湖北枪炮厂等企业。八国联军入侵中国时，天津大沽炮台失守，他会同两江总督刘坤一与驻上海各国领事议订《东南互保协议》。他还镇压过维新派自立军的起义。1908年11月，他以顾命重臣晋为太子太保，次年病逝，谥文襄，有《张文襄公全集》。张之洞与曾国藩、李鸿章、左宗棠并称"晚清中兴四大名臣"。被孙中山称为"不言革命之大革命家"。

有英国、法国、德国、俄国、日本、比利时六国租界，若在武昌和汉口之间直接建造桥梁，大概可以推测桥址应该在武昌徐家棚至汉口分金炉*一带。该报道还称："几个月之后，经日本工程师估勘工程，至少须一百七十余万金。鄂省以目下财政支绌，举行各项新政，在在需款，已决计将建桥之事暂缓，俟川粤两路告成再议。"从该报道中可以看出当时湖北的财政情况非常紧张，无力承担建桥的费用。当年，《北洋官报》**的报道称："但是，张之洞对于建桥一事仍念兹在兹，不愿轻言放弃。"

1907年春，建桥一事被再度提起。这次仍由日本工程师勘测设计，测定省城白

* 据《武汉地名志》记载，分金炉位于汉口城区东北部，泛指现在的中山大道与黄浦路相交处的沿江地带，紧靠江岸货场。此地以前为荒郊，人烟稀疏。1898年，《马关条约》签订后，日本人在麻阳街上设立日本租界，并在今江岸货场黄浦路大门左侧建炼铁炉，该区域由此得名"分金炉"。后此地逐渐形成居民区，延称分金炉一名。京汉铁路通车后，江岸货场建成，原分金炉址被拆，遗迹已无。中华人民共和国成立后，在此建设了职工住宅，形成较整齐的街巷，并分别命名为分金前街、分金堤街。1955年后，分金炉改称分金街。

** 《北洋官报》是清朝末期创办的最早、最有影响的地方政府官报。1901年8月，担任直隶总督兼北洋大臣的袁世凯先创办了北洋官报局，后于同年12月25日在天津集贤书院旧址内创办了《北洋官报》。当年创办《北洋官报》的目的是"讲求政治学理，破锢习，浚智识，期于上下通志，渐致富强"。报纸刊登内容包括近今时务、农学、工学、商学、兵学、教案、交涉、外省新闻、各国新闻等。设有宫门钞、奏议录要、析法摘要、文牍要录、畿辅近事、外省新闻、各国新闻等栏目。1907年出版至第1817期停刊。

沙洲祁阳公所直达汉阳鹦鹉洲财神庙。"该处江面尚狭，广仅五里，水势复缓，于桥工颇为合宜。已绘成图形，呈请张宫保（张之洞）鉴核，旋经批饬路政处，速将该桥工程应需若干，核实估计禀复，以便拨款兴修云。"与半年前相比，这次筹划有了更为明确的选址，大桥计划建在武昌与汉阳之间，也就是现今的武汉鹦鹉洲长江大桥附近。此外，日本工程师已绘勘估图，说明这次工程已有新的实质性进展，日本工程师还进行了大桥的初步设计，并得到了张之洞的首肯。只是不久后，张之洞奉朝廷之命离任湖广总督，这一由日本工程人员开展的武汉长江桥初次选址设计工作也就戛然而止了。这是建造长江桥的第二次动议筹划。这件事也说明，当年并没有中国人在武汉三镇附近的长江江面上进行桥址的实质性勘测，清政府倒是请了觊觎中国已久的日本相关领域人员对桥址进行了勘测。

1910年，美国有关人员忽然提出在武汉附近的长江两岸建造桥梁的动议，并派人极力对已接任湖广总督的瑞澂*进行游说。据当时的《广益丛

* 瑞澂，全名博尔济吉特·瑞澂，清末大臣。字莘儒，蒙古族，满洲正黄旗，大学士琦善之孙，黑龙江将军恭镗之子。1900年，八国联军入侵北京，因留守北京有功，擢升九江道。1905年调任上海道。1907年先后担任江西按察使、江苏布政使、江苏巡抚。同年10月升任两江总督，1910年升任湖广总督。武昌起义爆发，他逃往上海，被清政府革职。民国时期，没收了他存于钱庄的财产，1915年死于上海寓所。

第3章　旧政权虽多次筹划设计，终因国力不济未成现实　041

报》*报道："近日美人（美国人）拟在汉口龙王庙与武昌之汉阳门两地间为设大铁桥，其资需银三百万两，由美人兴办。兹已呈其计划书件及图件等于瑞总督（瑞澂）。外间有业经允许之说。"

由于武昌的汉阳门与汉口的龙王庙并不直接相对，所以这一报道所说的选址应该包含建造长江与汉江两座桥梁，即由武昌汉阳门建长江桥抵汉阳，再向北面折至汉江建汉江桥抵汉口龙王庙。汉阳门在武昌蛇山西侧的黄鹤楼旧址附近，这一次桥梁的选址已经与现在的武汉长江大桥的桥址线基本吻合了。这是建桥的第三次动议筹划。当然，如果从清末宣统年间湖北严峻的财政状况来看，建设耗资巨大的长江、汉江两座跨江铁桥，无疑是镜花水月，根本无法实现。

另据当年上海的英文报纸《大陆报》**报道："1911年9

---

* 《广益丛报》由杨庶堪、朱必谦等人于1902年在重庆创办。是重庆地区最早的一份集纳性报刊（类似现代文摘类刊物）。倡导改革、维新、变法，传播民主革命思想等。《广益丛报》分为政事、学问、文章、丛录四大门类，内容无所不包。共发行了287期，于民国初年停刊。

** 《大陆报》于1911年8月20日在上海试刊，为日报。《大陆报》是第一份由职业新闻记者而非商人或传教士在中国创办的专业美式报纸。由华人发起，洋人经营，后复归华人经营。言论从代表美国利益到力求客观公道。内容全面，以海内外新闻、中外贸易、中国风土人情为重点，兼及其他。《大陆报》在近半个世纪的刊行期，1937年曾一度休刊，不久复刊；1941年，太平洋战争爆发后停刊，抗日战争胜利后复刊；1949年上海解放后，被中国人民解放军上海市军事管制委员会接管后停刊。该报经历了初创、兴盛、易主、中兴、停刊，见证了中国近现代历史的变迁，对近代中国新闻形态格局、对外传播及中美外交都曾产生重要影响。

月初，清政府邮传部尚书（部长）盛宣怀*曾与德国银行签订协议，贷款100万美元，用于在武汉建设跨江大铁桥。"这里需要说明的是，实际盛宣怀并未与德国单独签订借款合同，而是在1911年5月20日升任邮传部尚书不久，盛宣怀代表清政府与英国的汇丰银行、法国的东方汇理银行、德国的德华银行、美国的花旗银行四国银行团签订了《粤汉川汉铁路借款合同》（又称《汉粤川铁路借款合同》或《湖广铁路借款合同》）。该合同共有25款，借款总额600万英镑，英国、法国、德国、美国各提供1/4款额，即四国各提供150万英镑贷款。九五折付款，年息5厘，40年还清。以铁路收入、湘鄂厘金、盐税、赈灾款作为抵押。该借款用于修建中国内地的多条铁路，且这四国享有这些铁路的优先修建权和续贷权。该合同不仅被称为出卖中国铁路权益的卖国合同，而且为随后发生的保路运动及导致清王朝覆灭的辛亥革命埋下了导火索。英文版《大陆报》的

> * 盛宣怀，字杏荪、幼勖、荇生、杏生，号补楼。别署愚斋，晚年自号止叟。汉族，江苏常州府武进县（今常州市）人，死后归葬江阴。清末重要官员，秀才出身，官办商人、买办，清末洋务派代表，著名的政治家、企业家和慈善家，被誉为"中国实业之父""中国高等教育之父"等。盛宣怀创造了11项"中国第一"：第一个民营股份制企业轮船招商局、第一个电报局中国电报总局、第一个内河小火轮公司、第一家银行中国通商银行、第一条干线铁路京汉铁路、第一个钢铁联合企业汉冶萍公司、第一所高等师范学堂南洋公学（今上海交通大学）、第一个勘矿公司、第一座公共图书馆、第一所近代大学北洋大学堂（今天津大学）、创办了中国红十字会。

△ 1911年，盛宣怀代表清政府与英、法、德、美四国银行团签订了《粤汉川汉铁路借款合同》后，于1913年发行的印有盛宣怀签名和"中华民国驻德代表印"的湖广铁路债券

这篇报道是清朝末期关于修建武汉长江桥动议、筹划的最后一次记载。不久后，随着辛亥革命的爆发，清王朝彻底覆灭，建造跨江大桥的梦想也被带进了民国时期。

民国时期的 5 次建桥规划设计分别发生在 1913 年、1923 年、1929 年、1935 年和 1946 年。辛亥革命时期的武昌起义使武汉成为首义的英雄城市和民国的诞生地。在这一背景下，民国初期，在武汉建设长江大桥更被赋予了政治纪念的意义。这也解释了为什么后人提议要在武汉建一座纪念性的大桥了。

1912 年年初，蔡元培*等人明确提出应在武汉"建大铁桥，以为光复之纪念……诚革命纪念之壮观也"。作为革命领袖和临时大总统的孙中山对于这一想法也是明确支持，并积极推动。1912 年 4 月初，他辞去临时大总统后应黎元洪的邀请来到武汉。在他抵达武汉的前一日，上海《新闻报》曾报道："孙大总统前曾电咨来鄂，拟与黎副总统筹商，欲于黄鹤楼通至龟山，修筑铁桥一道，

* 蔡元培，字鹤卿，曾化名蔡振、周子余，汉族，浙江绍兴府山阴县（今绍兴市）人，祖籍浙江诸暨。我国著名教育家、革命家、政治家。民主进步人士，曾任国民党中央执委、国民政府委员兼监察院院长。民国首任教育总长。1916—1927 年任北京大学校长，1920—1930 年兼任中法大学校长。民国初年，他主持制定了中国近代高等教育的第一个法令——《大学令》。1928—1940 年任中央研究院院长。1933 年，他倡议创建国立中央博物院并兼任第一届理事会理事长。抗日战争时期，他与上海文化界名人联合成立了上海文化界救亡协会，积极组织抗日救亡运动。1940 年 3 月 5 日在香港病逝。葬于香港仔山巅华人公墓。

第 3 章　旧政权虽多次筹划设计，终因国力不济未成现实　　045

既便行旅之交通，又可作民国之纪念。并由两总统各捐银元一万，以为民倡。今既得此伟人竭力维持，纵使工费殷繁，当不难指顾。而集建筑落成，其壮盛当不亚于伦敦也。"数天后，当孙中山登上武昌蛇山，对众人发表演说时提出建设跨江大桥的宏伟构想显然并非一时心血来潮。此前他已经有了在武汉建造长江大桥较成熟的想法，并且明确提出应选址在龟山和蛇山之间。

1912年5月，北洋政府聘请留美回国的铁路工程师詹天佑任粤汉铁路会办，詹天佑在进行粤汉铁路复勘定线过程中，曾考虑到将来粤汉铁路与京汉铁路会跨越长江而接轨连通。为此，詹天佑在规划武昌火车站（原通湘门车站）时预留了与京汉铁路接轨的位置。这也说明，詹天佑在铁路建设中的远见卓识。

常言道"万事开头难"，长江桥的桥址选择就历经了许多挫折。民国时期，第一次建桥勘测规划是在1913年，这一年，在国立北京大学（今北京大学）工科任教的德国籍教授乔治·米勒向当局建议拟建造"武汉过江大桥"作为辛亥革命成功和民国成立的纪念。在担任粤汉铁路会办的詹天佑的支持下，乔治·米勒教授带领李文骥、夏昌炽（夏光宇，曾担任平汉铁路局局长、粤汉铁路局局长、中国土木工程师学会会长及总干事等职）等13名国立北京大学土木科的学生，于1913年4—7月到湖北的武昌和汉口两地，对建桥的桥址进行较为详细的水文地质勘测、桥址勘定及设计规划。他们一行人的工作进行了四五个月。在此期间，他们拜会了时任湖北都督黎元洪和汉粤川铁路督办詹天佑，并得到了两人的赞许。一行人返回学校后，把实地勘测数据和建桥意向等材料交给了当时的北京大学校长严复*，请严复向政府转达建桥意向。随后，严复向北洋政府**交通部进行了陈述，强调了建桥的意义，希望得到北洋政府的支持。但此时的北洋政府正忙于军阀间划分势力范围，对于此次提出的建桥方案是否可付诸实施不置可否。

1913年，粤汉铁路湘鄂线***工程局总工程司英国人格林森在汉口也进行了考察勘测，并制订了一份建桥初步设计方案，这也是目前所能看到的武汉长

---

* 严复，原名宗光，字又陵，后改名复，字几道，汉族，福建侯官县人。近代极具影响力的资产阶级启蒙思想家、翻译家、教育家。他先后毕业于福建船政学堂和英国皇家海军学院，曾担任京师大学堂译局总办、上海复旦公学校长、安庆高等师范学堂校长、清朝学部名词馆总编辑。在北洋水师学堂任教期间，培养了中国近代第一批海军人才，并翻译了《天演论》、创办了《国闻报》，系统地介绍西方民主和科学，宣传维新变法思想，将西方的社会学、政治学、政治经济学、哲学和自然科学介绍到中国。他于1921年10月27日在福州逝世，享年69岁。

** 北洋政府是民国前期以袁世凯为首的晚清北洋军阀在政治格局中占主导地位的中国中央政府，于1913年10月6日袁世凯当选民国大总统后形成。是中国历史上第一个以和平方式完整继承前朝疆域的政权，也是中国继清朝灭亡后第一个被国际社会承认的中国政府。1928年，国民政府领导的北伐战争取得胜利，北洋政府彻底覆灭，国民政府完成了短暂的形式统一，但不久后爆发了规模远超北洋历届政府内斗的中原大战和第二次国内革命战争。

*** 粤汉铁路湘鄂线后称粤汉铁路湘鄂段，是利用英国、法国、（转下页注）

第3章　旧政权虽多次筹划设计，终因国力不济未成现实　047

（接上页注）德国、美国银团贷款修建的，当年因贷款资金不足，所以断断续续分段建成通车。其中：①长沙—株洲段长 55 千米，在株洲与株萍铁路接轨，詹天佑在施工时还预留了未来武汉长江大桥的位置。1909 年 7 月，湖南粤汉铁路公司从株洲向北开始兴筑干线；随后从韶关易家湾起分两段建造：一段向南 20 千米至株洲，另一段向北 30 千米至长沙。1910 年 11 月，株洲至韶关段试车至白石港；1911 年 1 月长株段全线竣工；1913 年 9 月，线路自株洲向南延长至渌口。②武昌—长沙段长 363.63 千米。1913 年 8 月，湘鄂段徐家棚至长沙线路在鲇鱼套开工，1918 年 9 月 16 日通车，线路长 365 千米。

江桥最早的设计图纸。我国桥梁界前辈李文骥在 1947—1948 年整理撰写的《武汉大桥计划之历史》中提到此事时说道："武汉跨江建桥之议始于民国元年，詹天佑先生任川粤汉铁路会办时，粤汉铁路湘鄂段总工程司英国人格林氏（格林森）曾作一草图，用悬臂式钢桁梁 3 孔桥全跨江面，江中桥墩只有两座，但当时并未详细测量研究，仅系一种议拟而已……"实际上，该草图所绘的是一种全桥为 4 墩 5 跨、江面上为 2 墩 3 跨的桥梁形式，造型类似英国的福斯桥。

英国人格林森提出的方案秉承了一年前（1912 年）孙中山先生提出的桥梁选址和桥梁形式，将大桥桥址选在武昌蛇山至汉阳龟山之间，依托两山山势，在半山建筑引桥。大桥单设一层桥面，中央为上下行两列铁路轨道，其两侧为城市有轨电车轨道，再外侧为马车等非机动车辆行驶的道路，最外侧为人行步道。

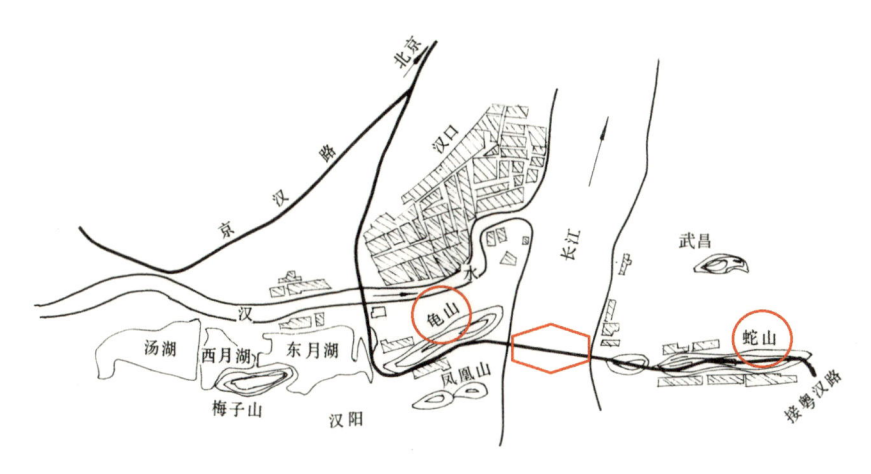

△ 1913年规划建桥时的桥址线及引线选择方案之一

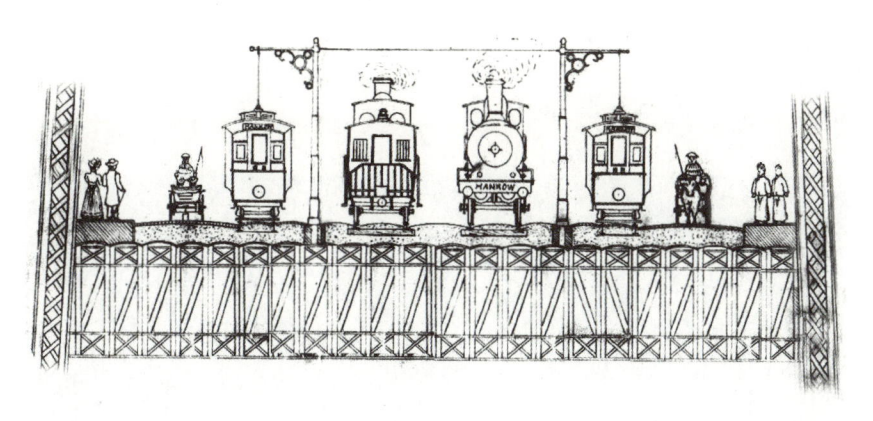

△ 1913年规划拟建的江面铁桥1∶100比例图

在正桥的设计上，这一方案的桥身造型颇为复杂，显得气势雄伟、别具一格。主桥分为两跨过江，在江中设三座桥墩，其上的三座主塔被设计成一种造型独特的"纺锤"形桁架。"拟建江面铁桥图"（蓝图）分为四部分，上部从左至右分别是桥梁剖面、桥

第3章 旧政权虽多次筹划设计，终因国力不济未成现实 049

墩、桁梁剖面及桥址选线平面；图的下部是类似英国福斯桥造型的桥式草图。事实上，这一桥式设计方案的草图是对英国苏格兰一座著名的大铁桥"福斯桥"*的直接移植。

福斯桥是英国苏格兰爱丁堡福斯河口连接湾海的一座大型铁路桥，全长1620米，主跨519米，是当时世界著名的钢铁桥梁工程。大桥主体结构采用独特的"纺锤"形伸臂（悬

* 福斯桥，又称福斯铁路桥，是英国苏格兰爱丁堡城北福斯河口连接海湾的一座大型铁路桥。该桥由英国桥梁专家本杰明·贝克设计，建成于1890年，同年启用。是英国人引以为傲的桥梁工程杰作。被称为桥梁设计建造史上的一座里程碑。这座桥的大部分结构用的是钢。该桥跨越苏格兰的福斯河，是世界上第二长的多跨悬臂桥。该桥在2015年被收录于《世界遗产名录》。

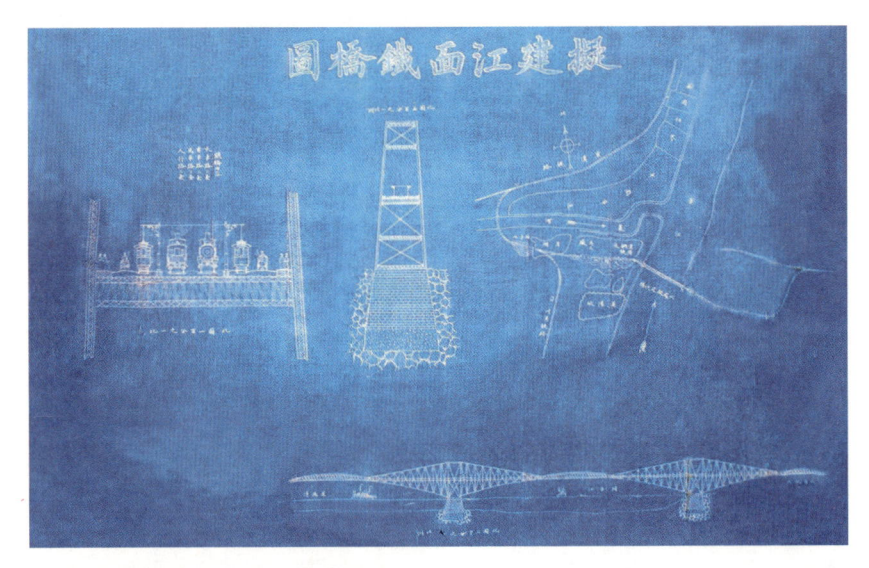

△ 1913年绘制的武汉拟建江面铁桥蓝图

臂）桁梁，在获得更大跨度的同时还具有良好的视觉效果。桥身的体量恢宏，由于钢梁面积大，据称仅是铆接钢梁的铆钉就用了 800 多万颗。要把全桥钢梁刷一遍油漆，后面刷完，前面刷过油漆的地方已经干了并有褪色，需要重新刷一遍，所以当地有一句俗语："给福斯桥刷漆，是一项无法完成的工作。"1896 年，清末重臣李鸿章出访英国期间曾参观过这座桥，并对其大加赞叹。1913 年设计的这一雄伟壮观的桥身造型也与孙中山提出的"首义纪念桥"的政治意义颇为契合。1913 年进行的这两次勘测、设计也成为民国初期在武汉长江上建桥的第一次规划和勘测设计。

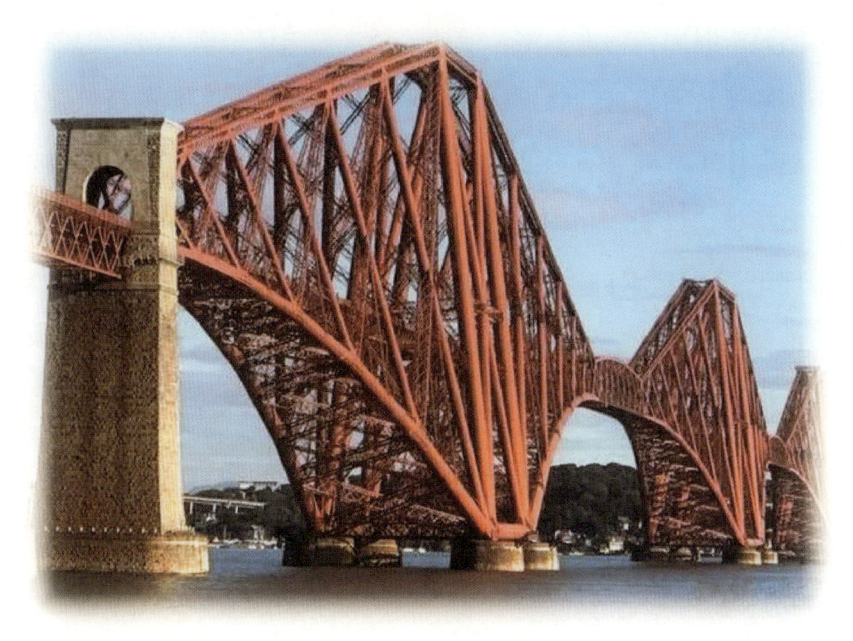

△ 福斯桥

当年，勘测设计者建议以汉阳的龟山和武昌的蛇山*之间江面最狭窄处为桥址。过桥线路经武昌的汉阳门、宾阳门连接粤汉铁路，并设计出铁路、公路两用桥的样式。构想的桥梁结构仿照当时世界最大钢桥——英国苏格兰爱丁堡的福斯桥，桥面设有铁路、公路、电车路、人行道等。由于当时民国政府财力、物力不济，使该建桥规划未能付诸实施，但他们所选的桥址和桥址线后来被证明是适宜的，也为后续的桥址勘测规划奠定了基础。历史证明，此次勘测规划与此后的多次勘测规划及桥址选择基本相同。孙中山在他1919年撰写的《实业计划》中提出："于汉水口以桥或隧道，联络武昌、汉口、汉阳三城为一市。至将来此市扩大，则更有数点可以建桥，或穿隧道"的设想。但上述这些设想都搁浅了，没能付诸实施。

第二次建桥规划设计是在1923年进行的。当时的汉口市政府依据孙中山的《实业计划》编制了《汉口市政建筑计划书》，该计划书明确提出："以汉阳之大别山麓（龟山），武昌之黄鹄山麓（蛇山）为基，架设武汉大铁桥，可收平汉、粤汉、川汉三大铁

> *　武汉的龟山和蛇山分别位于长江两侧的汉阳城北部和武昌城偏东南。龟山前临长江，北带汉江，原名大别山，后因三国时期东吴重臣鲁肃的衣冠冢在此，所以又称鲁山，山势险峻，蹲伏如龟。蛇山在武昌城的长江东岸，又名黄鹄山，绵亘蜿蜒，形如伏蛇，头临长江，尾入都市。龟蛇两山隔长江相望，自古就有"龟蛇锁大江"之称。龟蛇两山属亚热带季风性气候，雨量充沛、日照充足、夏季酷热、冬季寒冷。

路,连贯一气之完美。"建桥方案基本与国民政府交通部聘请的美国桥梁专家约翰·亚历山大·洛维·华德尔博士提出的设计方案相同。该建桥方案采用了简单桁梁、锚臂梁、悬臂梁结合的布置,并使用合金钢建造正桥钢梁,以减轻桥梁自重。《汉口市政建筑计划书》中提出的架设武汉大铁桥的建造费用预算为970万银圆,美国

△ 20世纪初国民政府交通部聘请的美国桥梁专家约翰·亚历山大·洛维·华德尔像

人华德尔的方案曾引起国民政府的关注,对拟定的桥址线也做过实地的地质、水文勘探,但由于当局对建桥费用仍觉数额巨大且难以支付,所以这一建桥计划也不了了之。

  第三次建桥规划是在1929年。由于1927年1月广州国民政府迁都到武汉,同年4月,将武汉三镇合并设立了武汉市,并再次邀请美国人华德尔来华与其研究商讨长江建桥之事。华德尔来华后,对以前的设计方案进行了修订。为保证长江上的船舶能够通行,长江大桥的设计采用了简单桁梁并设有升降式梁,全长4010英尺(约1223米),共有15孔,桥面一层由公路和铁路共同组成。桥面升起时可高出江面最高水位150英尺(约45.75米)。这次建

桥规划设计并未进行实际勘测，但也因为耗资巨大而令国民政府十分头疼。当时，国民政府正忙于应付内部军事派系的争斗，无暇顾及长江大桥的建设，致使建桥计划被再次按下了停止键。

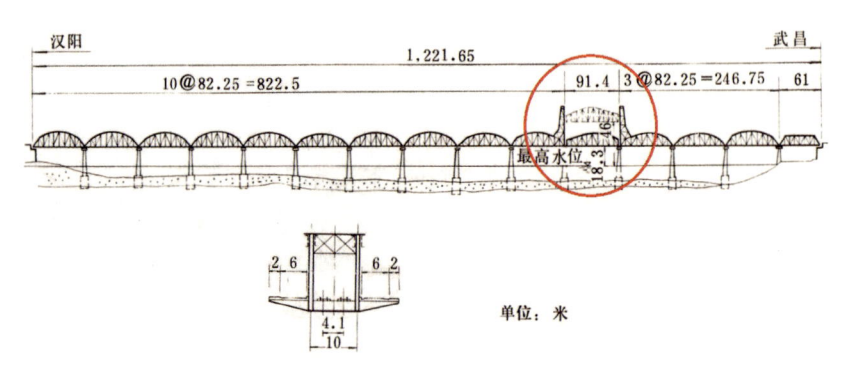

△ 1929年规划建桥时设计的升降式桥式方案

第四次建桥规划是在1935年。由于粤汉铁路即将建成通车，京汉、粤汉两条铁路势必在武汉跨越长江而连通。当时铁道部曾考虑仿照1933年建成的南京铁路轮渡建造轮渡码头，但由于武汉附近的长江水位涨落幅度比南京附近的长江水位涨落幅度大很多，以致建造两岸轮渡引桥工程比较困难，所以没有采用铁路轮渡的方案。同年，由茅以升担任处长的钱塘江大桥工程处的技术人员又对武汉长江桥桥址线进行了测量与勘探，并请苏联顾问团拟订了一份建桥计划。该计划是建造一座固定式的铁路、公路两用桥。桥址线选在武昌蛇山与汉阳莲花湖北侧的刘家码头之间，全长约1932米，设7座桥墩、8个桥孔（7墩8孔）。在6号和7号桥墩之间可通行大型江轮。桥梁主跨设计为237.74米,以拱形钢梁架设于6号和7号桥墩之上,桥下在最高洪水位时,净高33.5米,桥面一层是公路与铁路并列行驶设计。这次建桥规划包括汉江铁路桥和引桥,建桥工程大约需要花费法币*1060万元。当年,为了募集资金,还拟定了过桥收费、分期还本付息的办法。但最终也因为集资困难,导致建桥计划没了下文。

> * 法币并不是法国货币,是国民政府于1935年在英美等国的压迫下,在国内开始实施新一轮货币制度改革时全中国推行的一种法币制度。国民政府财政部发布的公告称法币发行机关是中央、中国、交通等银行。抗日战争和解放战争时期,国民党政府采取通货膨胀政策,法币迅速贬值,直至彻底崩溃。1948年,国民政府筹划另一次货币改革,法币在同年8月被金圆券取代。

由于在武汉附近建桥的计划迟迟不能落实,为使已建成的京汉铁路与粤汉铁路连通,1937年3月,当局不得不在长江南岸的粤汉铁路武昌的徐家棚站(今武昌北站)与长江北岸的京汉铁路汉口的刘家庙站(今江岸站)之间建造了简易的火车轮渡并通航。该简易轮渡的建成至少可以使京汉、粤汉两条铁路的客货车辆通过火车轮渡过长江,那时火车乘渡轮过江成为江城一景。现在,徐家棚附近还保留着当年火车轮渡码头栈桥铁路线和栈桥桥墩遗址。

第五次建桥规划是在1946年。1945年8月15日,中国人民抗日战争暨世界反法西斯战争取得决定性胜利,日本战败投降,

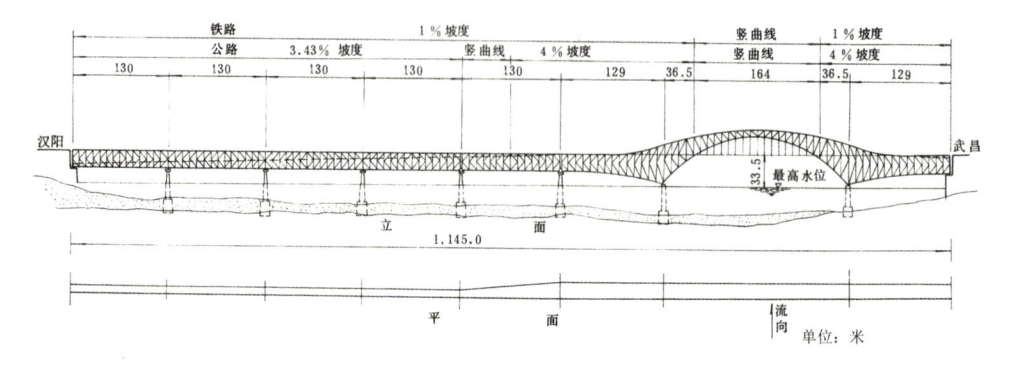

△ 1935年规划建桥时设计的拱形桥式方案

建造武汉长江桥的规划被国民政府和地方政府再次提出。如湖北省政府在 1946 年 8 月 25 日举行会议，决定由粤汉区和平汉区的铁路管理局*及中国桥梁公司共同组成武汉大桥筹建委员会，省政府主席万耀煌为主任委员，茅以升担任总工程师。同年 9 月初，国民政府行政院的侯家源与美国桥梁专家鲍曼等考察了武汉长江桥的桥址。同年，国民政府内政部营建司司长哈雄文、平汉区铁路管理局局长夏光宇及美国的市政专家戈登等再次到武汉考察，当时提出的建桥意见是：铁路和公路合并，可以降低建桥造价，桥址仍选在龟山和蛇山之间。为减少桥墩数量、便利江面船舶通航，决定改用较长跨度的悬臂式拱桥，设有 4 墩 5

* 20 世纪 40 年代，中国已建成的铁路曾实行按照铁路线路来划分管理权限的规定。中华人民共和国成立后，按照铁路线路管辖铁路的做法被取消，改为按照地域设立铁路局来管辖所属地域的铁路事务。

孔，同时考虑到铁路干线运输日益繁忙，桥梁可适当提高载重等级。后因解放战争且国家经济不景气，国民政府无力顾及长江大桥的建设，致使这次的建桥规划再次被搁置。

1906—1946年的40年间，中国旧政权对在武汉附近的长江上建造桥梁一事进行过8次建桥动议、筹划、设计和桥址的地质、水文勘探。每次勘测得出的结论对建桥是有重要帮助的，但长江桥建设却因各种原因未能落实。早期的勘察设计及地质勘探得出的数据对中华人民共和国建设武汉长江大桥提供了有益的参考。

红色工业

第4章
CHAPTER FOUR

**唯新中国梦想才能成真，
建桥计划获得中央批准**

岁月不居,时间如流。时间洗礼着一代又一代的中国造桥人。桥因需求而来,即在千百年来人们的迫切需求中产生。伟大的时代势必造就伟大的建桥事业。建造武汉长江大桥成了中华人民共和国中央人民政府第一个五年计划的重点工程之一。

中华人民共和国成立前夕，当时已年届63岁的桥梁界前辈李文骥联合茅以升、梅旸春等多位桥梁专家，在1949年9月上书中央人民政府，建议修建长江大桥，并将所要建造的桥梁作为我国"新民主主义革命* 成功的纪念建筑"。在他们上报给中央人民政府的《筹建武汉纪念桥建议书》中开篇就写道："武汉三镇居国之心脏地位，轮轨四达，为南北交通之总枢纽，而长江、汉水交汇于此，将城市分隔为三部分，大江南北各铁路公路系统之运输，汇集于此，以一江之隔，不能畅通……是筑桥以利交通使物资的交流不受障碍及三镇城市间的连贯，实为当前极重要问题。方今新民主主义革命以告成功，中央人民政府即将成立，系中国有史以来最大盛世，不可无规模宏大的建筑物以作革命纪念。武汉大桥以建筑之宏伟，地点的适中而论，均为最适合，最足以作为永久纪念。同人等不揣菲薄，勇敢建议筹建此项上大桥，以加强中国之心脏，为建设新中国之开端，并

---

* 中国新民主主义革命是由无产阶级领导的，以反对帝国主义、封建主义、官僚资本主义为主的人民民主革命运动。它的目标是让无产阶级牢牢掌握革命领导权，彻底完成反帝、反封建的历史任务，并及时实现由新民主主义向社会主义的过渡。

以作新民主主义革命成功的纪念建筑……"

《筹建武汉纪念桥建议书》中的这段话不仅阐释了建造武汉长江大桥的意义，还提出了建桥计划的内容和建桥项目预算。同时，该建议书的内容也印证了美国《纽约时报》驻中国特约记者T.W.K在特稿中将中国的武汉三镇区域称为"大清国的心脏"的说法。同时，李文骥等人还向中共中央中南局、中原临时人民政府*呈送了《武汉大桥计划之历史》。该文中叙述了前几次对长江大桥的规划、设计和屡屡受挫的原因，分析了现在中国能够建造长江大桥的可行性和建造工程的具体内容。

---

* 中原临时人民政府是1949年3月至1950年2月存在的大行政区级别的人民政府，辖区即中原行政区。它与华北人民政府、东北行政委员会均为中华人民共和国成立前在大解放区设立的政府机构，是中央人民政府和大行政区人民政府的建制雏形。1948年年底，随着第二次国共内战推进，中原解放区已管辖7个分区、34个专区、10个市、209个县、1263个区，人口已达到5000万人。1948年10月，解放军相继攻占郑州、开封。10月23日，在中共中央中原局向中共中央呈送的报告中，提出建立中原人民民主政府。此后，中原局开展临时政府成立的准备工作。1949年3月3—6日，在开封召开中原临时人民代表会议，选举刘伯承等21人为中原临时人民政府委员。3月6日，发布中原临时人民政府秘字第一号布告，宣告中原临时人民政府在此日正式成立，主席邓子恢等人在7日就职视事，启用印信。中原临时人民政府管辖3个行政公署（鄂豫、江汉、陕南）、9个专员公署（陕州、洛阳、郑州、许昌、南阳、汝南、商丘、淮阳、陈留）及2个直辖市（开封、郑州）。到1949年9月，中华人民共和国成立前夕，其辖区已扩大为6省2市，共管辖4个行政公署、56个专员公署、11个省辖市、513个县，面积达115万平方千米，人口1.37亿人。

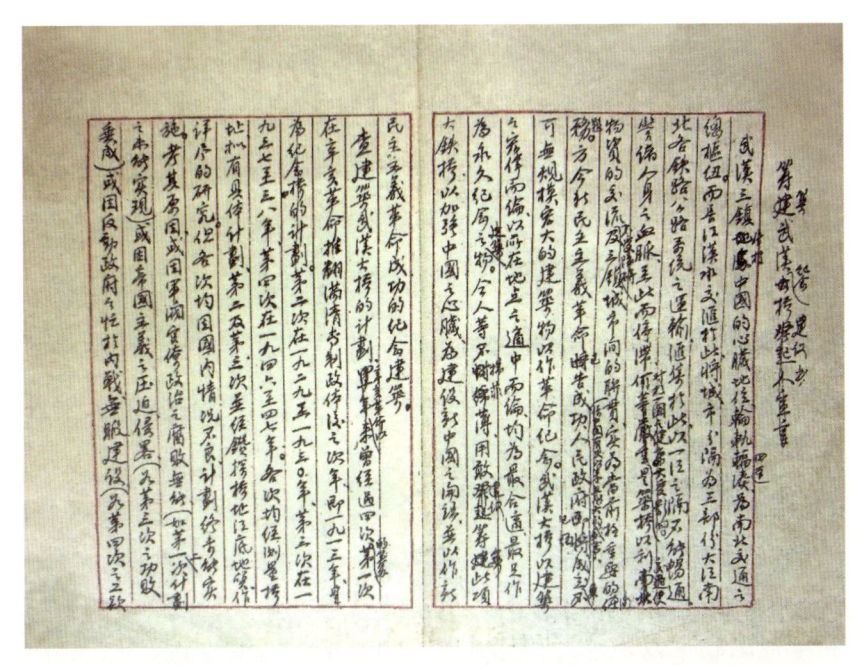

△ 中华人民共和国成立前夕李文骥等人上报中央人民政府的《筹建武汉纪念桥建议书》原文手稿

李文骥在1949年9月写给茅以升等人委托转呈《筹建武汉纪念桥建议书》的信函中，专门写明了他提出建桥建议的两个原因："第一，因为新民主主义革命成功是我国旷古以来的最大盛世，不可无伟大的建筑物作为永久纪念，而武汉跨江大桥无疑是最适合为革命纪念的建筑物。第二，因为我与此桥有特别关系，自1913年以来，此桥的测量、河床的钻探和桥式的设计等工作经过四次之多，每次我都参加并且担任主要工作，对于此桥的计划知道得很详细，获得不少的经验……因此，兹将去年所编《大桥计划之历史》和《筹建武汉纪念桥建议书》送呈，恳请转向中央建议及早组织武汉纪念桥筹备委员会共策进行。"从建议书和转呈信函中可以深切地感受到我国老一辈桥梁专家的爱国之情和为新中国建设武汉长江大桥的信心与决心。

1949年9月21—30日，在北平（今北京）中南海怀仁堂，召开了具有重大历史意义的中国人民政治协商会议第一届全体会议。这次会议的主要议题是完成中华人民共和国建国的筹备工作。会议通过了具有临时宪法性质的《中国人民政治协商会议共同纲领》，选举中华人民共和国中央人民政府委员会。会议决定以五星红旗为中华人民共和国国旗，以《义勇军进行曲》为中华人民共和国代国歌，以北平为首都并改名为北京，采用公元纪年。会议还决定在首都天安门广场建立一座人民英雄纪念碑，以表示对革命先烈的无限崇敬和缅怀。为何当时以召开政治协商会议的方式商议建国呢？主要是因为解放战争还在进行，召开全国人民代表大会选举人民代表的条件还不具备。在这次重要会议上还通过了建造武汉长江大桥的议案。也就是说，人们千百年来的建桥期盼在中华人民共和国成立前夕，随着中国人民政治协商会议上议案的通过，将要成为现实了。

1949年10月1日，毛泽东主席在北京的天安门城楼上向全世界庄严宣告中华人民共和国成立。从此，中国掀开了国民经济建设的崭新篇章。中华人民共和国成立之初，中央人民政府把建造武汉长江大桥列为第一个五年计划*（"一五"计划）的重点工程之一。中华人民共和国成立初期，在国内百废待兴、百业待举、建设资金十分紧张的情况下，仍把建造武汉长江大桥作为重点任务，列入国家第一个五年计划，充分说明中央人民政府对交通建设和国计民生问题是非常重视的。可当时有一些国家对于中国要在长江上建造大桥并不看好，认为中国没有这个实力，甚至冷嘲热讽。但中国不信邪，就是要建武汉长江大桥。为此，中央人民政府在1949年年底特邀请李文骥、茅以升等桥梁界专家到北京共商建设长江大桥事宜。

* 制定和实施国民经济和社会发展五年规划，引领经济社会发展，是中国共产党治国理政的一种重要方式，是中国特色社会主义发展模式的体现。中华人民共和国成立之初，我国面临以美国为首的西方国家的孤立和封锁。当时，我国工业基础特别是重工业基础十分薄弱。1951年2月，中共中央开始谋划国家大规模经济建设的问题。2月14日，毛泽东主席在中央政治局扩大会议上提出"三年准备，十年计划经济建设"的思想，首次明确提出编制国民经济发展计划的设想。这次会议决定，自1953年起实行发展国民经济的第一个五年计划，并要求立即开始编制五年计划的准备工作。我国"一五"计划的制定历时5年，数易其稿。1955年7月，第一届全国人民代表大会第一次会议审议通过了"一五"计划。五年计划的实施，对中国国民经济发展起到重要的推动作用。

现在就让我们依照时间顺序，回望那决定武汉长江大桥命运的几个相关机构的设立和若干次关于建桥的关键性会议的召开。

根据中央人民政府政务院*的指示，中央人民政府责成铁道部立即着手筹备建设武汉长江大桥的具体实施方案。1950年1月，遵照中央人民政府政务院的指示，铁道部成立了铁道桥梁委员会。同年3月，又成立了武汉长江大桥测量钻探

> * 中央人民政府政务院是1949年10月1日至1954年9月15日，中国国家政务的最高执行机构。1949年10月1日，中央人民政府委员会任命周恩来为政务院总理。1954年9月，第一届全国人民代表大会召开，制定了《中华人民共和国宪法》及《国务院组织法》。依照宪法规定，撤销政务院改为中华人民共和国国务院。中央人民政府政务院从此成为历史。

△ 中华人民共和国成立初期，勘测人员在武昌、汉口附近的长江两岸进行地质水文调查勘测以选定长江大桥桥址线

队和桥梁设计组，由著名桥梁专家茅以升担任专家组组长，随后开始了中华人民共和国成立后首次对武汉长江大桥建设方案制定的初步勘测调查。

1950年5月，由我国桥梁专家梅旸春主持，在武汉召开了武汉长江大桥测量、钻探工程问题座谈会。来自中南区交通界、建筑界、桥梁界的相关专家参加了会议。在这次会上讨论了武汉长江大桥的桥址线选择、桥下通航的净空、桥梁载重等问题。这次会议的与会人员对桥址线和桥下净空等问题意见比较一致，认为桥址线基本以龟山至蛇山线为宜，桥下净空应在最高水位以上26米。会后，武汉方面将这次会议的情况向铁道部进行了汇报。

1950年6月，铁道部在北京召开会议，就桥下净空问题专门与航运部门进行磋商研究。为了确保桥下能够顺利通航，铁道和航运两部门最终确定桥下净空为通航水位以上26米，初步达成一致后将这一意见呈报中央人民政府政务院财经委员会，并得到批准。同年6月9日，铁道部在北京召开武汉长江大桥桥址选择方案部内人员会议。这次会上讨论了专家们建议的桥址线，即龟山至蛇山线方案，此方案得到了大部分与会人员的赞同。此次会议后，铁道部致函湖北省政府和武汉市政府，征求他们对桥址选线方案的意见。

1950年7月，武汉市市长主持召开会议，商讨长江大桥的桥址线选择方案，共有 80 多名各方代表、专家参会讨论。这次会上，大多数与会人员赞同龟山至蛇山的桥址选线方案。但会上也有一些人认为，这个方案会破坏黄鹤楼*古迹。实际上，龟山至蛇山桥址线所经之处的黄鹤楼古迹早已不复存在。当时在原黄鹤楼遗址处仅存有一座规模较小的奥略楼**，致使很多人误认为它就是黄鹤楼，且误传严重。所以，他们认为应该考虑选择汉阳龟山至武昌凤凰山的桥址线，从而避开所谓的黄鹤楼。会上经过激烈讨论，最后与会人员基本统一了意见，还是采用龟山至蛇山的桥址选线方案。另外，与会的有些专家提出，可以借建造武汉长江大桥的契机，在长江大桥旁边另行选址重新建造黄鹤楼，以再现古黄鹤楼的雄姿。而新中国

* 黄鹤楼是中国江南三大名楼之一。始建于三国时期（公元 223 年），那时的黄鹤楼只是夏口城角一座守戍的军事观察用瞭望楼。三国统一后，黄鹤楼失去它的军事作用。该楼 5 层，高 51.4 米，建筑面积 3219 平方米，内部由 72 根圆柱支撑，外部有 60 个翘角向外伸展，自古有"天下江山第一楼"和"天下绝景"之称。黄鹤楼屡建屡废，仅在明清时期就被毁 7 次，重建和维修了 10 次。最后一次重建是 1868 年，最后焚毁于 1884 年。现仅存一个未被焚毁的铜顶。

** 奥略楼，原名风度楼，是 1908 年为了纪念张之洞主政湖北期间的政绩建造的。该楼坐落于黄鹤楼遗址附近，多年来游人将其误认为黄鹤楼。奥略楼共 3 层，楼体呈矩形，楼顶前方建小骑楼式檐顶。该楼在 1955 年修建武汉长江大桥时被拆除。复建的黄鹤楼于 1985 年落成。古黄鹤楼历代屡建屡毁，而近代的黄鹤楼建于 1868 年，毁于 1884 年。也就是说，1868 年重建的黄鹤楼仅存世 16 年就被大火焚毁了。当时所谓的黄鹤楼，实际上是清末建造的奥略楼。这座楼的建筑规模比黄鹤楼小且简陋，奥略楼的历史、艺术价值也远不如黄鹤楼。

△ 最后一次被大火焚毁前的黄鹤楼全貌

△ 被焚毁的黄鹤楼仅留下一个铜顶

重建的黄鹤楼是在 1985 年落成的，距离这次提出重建黄鹤楼的建议已过去 35 年了。当年，由于武汉长江大桥的引桥占用了黄鹤楼遗址的位置，所以重建的黄鹤楼选址在距原楼遗址约 1 千米的蛇山峰岭上。1985 年重建的黄鹤楼以清代同治年间黄鹤楼的样式为蓝本，同时复建了牌坊、轩廊、亭阁等辅助建筑。虽然重建黄鹤楼时已经是 20 世纪 80 年代，但也实现了人们当年重建黄鹤楼的愿望。铁道部最终将拟建的武汉长江大桥准备采用龟山至蛇山桥址线的方案呈报中央人民政府政务院审批。

△ 曾被误认为是黄鹤楼的奥略楼全景

1950年8月，铁道部设计局成立了武汉长江大桥设计组，由设计局副局长、桥梁专家梅旸春兼任组长，为武汉长江大桥的初步设计做准备工作。同年8月23日，中央人民政府政务院财经委员会批准同意采用龟山至蛇山的长江大桥桥址线方案。至此，讨论多时的武汉长江大桥桥址线的选择问题终于画上了句号。

其实，长江大桥设计组的专家先后共设计了7个桥址线选择方案（一说是设计了8个桥址线选择方案，本书采用7个桥址线选择方案说法），并逐一进行了详细论证。这些方案有一个共同

△ 1950年8月专家给出的武汉长江大桥7条桥址线选择方案比对图

点，都是以长江两岸的山丘为桥址的起始点，以缩短引桥和路堤的长度。这7条桥址线选择方案为第1条桥址线：武昌凤凰山至汉阳龟山。第2条桥址线：武昌蛇山至汉阳龟山。第3条桥址线：武昌蛇山至汉阳凤凰山。第4条桥址线：将武昌蛇山至汉阳龟山桥址线向上游移动100米。第5条桥址线：将第2条桥址线中的汉阳岸一侧向下游移120米。第6条桥址线：接近第3条桥址线，但需将桥址线向上游平移一些，以避开汉阳一侧承载力极低的页岩层。第7条桥址线：将第5条桥址线向上游平移约20米。

在武汉长江大桥建造前，国家考虑到中国人民解放军铁道兵*和铁道兵团在中国人民解放战争和抗美援朝战争中有着抢修、抢建各种桥梁的丰富经验，以及他们与铁路根深蒂固的关系，因此铁道部责无旁贷地担当起主持召开多次有关长江大桥建设会议组织者的角色。1950年9月至1953年3月，受中华人民共和国中央人民政府委托，由当时铁道部的两位

---

* 铁道兵原是中国人民解放军现代合成军队的重要组成部分，是工程技术兵种，由东北人民解放军（后为第四野战军）铁道纵队演变而来。1948年7月，在东北人民解放军所属护路军的基础上，组建了铁道纵队。1949年5月，中央军委发布命令，将铁道纵队扩编为铁道兵团。1951年1月，铁道兵团划归中国人民志愿军建制；1952年8月，重归中央军委建制。1953年9月，政务院、中央军委决定将中国人民志愿军的6个铁道工程师正式划归中央军委系统，与铁道兵团统一整编为中国人民解放军铁道兵，并于1954年3月成立铁道兵领导机关。1983年铁道兵并入铁道部。

副部长吕正操、石志仁主持,先后3次召开关于武汉长江大桥的工作会议,就大桥的建筑规模、桥梁形式、所用材料、施工方法等进行了反复研讨、论证。下面介绍这几次会议的具体情况。

1950年9月,铁道部在北京主持召开第一次武汉大桥会议。这次会议邀请了北京大学、清华大学、北方交通大学(今北京交通大学)、解放军铁道兵团、国营建筑公司等高等院校、军队单位、国有企业的专家、教授及工程师等30多人。会议的主要议题是讨论武汉长江大桥桥梁结构、所用材料、桥梁的宽度、桥梁的层数、桥梁载荷等级、桥墩基础施工方法、桥址线选择等问题。并对设计组提出的18种大桥桥式方案进行了筛选。会议暂定以第18号6墩7跨悬臂梁的方案为初步设计的主要参考桥式,同时要求与8墩9跨悬臂梁等其他桥式方案进行比较后作最终决定。这次会上,茅以升、梅旸春等我国知名桥梁专家提出了一个桥式方案,即系杆拱式等跨连续伸臂梁桥式。他们提出的这一桥

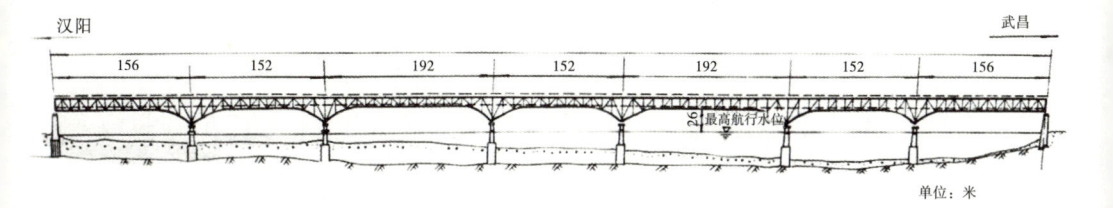

△ 第一次武汉长江大桥会议上专家推荐的6墩7跨桥式方案

式的铁路桥可以铺设双线铁路轨道，公路桥可设双向 6 条机动车道，机动车道两侧设有人行步道。虽然该桥式方案没有被采用，但也得到不少桥梁界人士包括后来成为著名桥梁专家的唐寰澄*的推崇。

1951 年 6 月 1 日，铁道部在北京召开了第二次武汉大桥会议。这次会议实际上是第一次武汉大桥会议的延续。与会人员有国内著名的专家、教授、有关部门代表及当时在我国工作的苏联桥梁专家吉赫诺夫等共 75 人。这次会议仍以武汉长江大桥的桥梁形式、桥梁载荷、桥址线选择等为主要讨论议题，会议要求相关人员继续对桥址线经过的江中岩层进行钻探，如果钻探后证明岩层承载力均匀可靠，则优先考虑长江大桥正桥采用连续梁，与会者也对采用连续梁表示赞同。

1953 年 3 月 11 日，第三次武汉大桥会议仍在北京召开。此次会议除了有桥梁界、建筑界的专家、教授，还邀请了美术界的人员，以及在我国工作的苏联桥梁专家沙布里、奥尼斯柯夫等。当时受命负责组建武汉大桥工程局的彭敏也参加了此次会议。在这次会上，再次讨论了大桥的桥梁形式等问题。有关桥

---

* 唐寰澄，江苏金山朱泾镇人。1948 年毕业于上海国立交通大学土木工程系，毕业后进入中国桥梁公司武汉分公司工作。他参与了武汉长江大桥的初步方案设计及深水基础结构的设计，是中国现代著名的桥梁专家。唐寰澄撰写、出版了《中国古代桥梁》（中英文对照本）、《桥》《世界桥梁美学》《世界桥梁趣谈》等多部著作，他在桥梁建筑方面和桥梁美学方面的建树和成就，国内尚无出其右者。

式的问题原本在前两次会议上已基本统一了意见，但在这次会上，又有代表对桥式提出新的建议。因此，会上再次补充了简支梁、连续梁、悬臂梁、直升式活动铁路桥面、钢筋混凝土桥拱5种不同结构类型的桥式，供与会人员讨论。参会的大多数人员主张采用简支梁架设武汉长江大桥，他们的理由：简支梁在国内可以制造，且适合各种地层，还可以缩短架桥施工工期。会上还对之前已经初步确定的桥梁净空问题提出了新的建议。与会者在研究分析了船舶高度发展趋势后认为，桥梁净空问题有必要进一步商讨研究。与会人员指出，如果桥梁净空降低10米，则全桥建造费用可以降低5%~10%，且汉阳、武昌区间的往返时间也会从33分钟减少至28分钟，提高了铁路列车通过大桥的能力。会议经过反复讨论，与会的航运部门同意降低桥梁净空8~10米。

第三次武汉大桥会议还讨论了桥梁的美术设计问题。会后，铁道部将本次会议讨论的结果呈报中央人民政府政务院，中央人民政府政务院于同年4月25日对第三次武汉长江大桥会议的结果作出4条重要批示：第1条，桥梁净空按通航水位以上18米设计。第2条，铁路桥单双线问题按双线铁路桥和公路铁路两用桥设计。第3条，桥式问题，从注意防空及兼顾美观而言，似不宜采用简支梁为宜。若技术条件许可，以采用连续梁为好。此点意见待苏联设计专家鉴定后再与确定。第4条，请苏联方面帮助对大桥的初步设计进行技术鉴定。政务院对武汉长江大桥建设的4点重要批示，可以说对长江大桥的总体建设具有重要的意义。后续有关部门、长江大桥的勘测设计单位、建筑施工单位等都十分重视政务院的这4条重要批示，并逐条予以贯彻落实。

1953年2月18日，湖北武汉是雪后初晴的天气，当时在中南地区调研的毛泽东主席，在武汉听取了中共中央中南局*关于长江大桥勘测设计的汇报后，他又沿着盘山小道登上了武昌蛇山的奥略楼，察看长江大桥的选址（某些媒体的报道和传闻称，当年毛泽东主席登上了黄鹤楼察看长江大桥的桥址线。实际上，当年毛泽东主席在武昌蛇山察看长江大桥的选址时古黄鹤楼早已焚毁，而奥略楼尚在。重建的黄鹤楼是1985年才重建落成的），并隔江眺望武汉三镇和被长江阻隔的京汉、粤汉两条铁路线。经过实地察看，毛泽东主席同意在此建造武汉长江大桥的意见，也同意铁道部选定的龟山至蛇山桥址线方案。

* 1949年6月，中共中央华中局（由中原局和东南局合并而成）在汉口成立，管辖河南、湖北、江西省委及武汉市委，刘少奇同志任华中局书记。1949年12月，华中局改为中南局，林彪任第一书记。广东、广西省委及广州市委也划入其管辖范围。1954年中南局撤销。1960年12月，中共中央中南局在广州复立，陶铸任中南局第一书记。中南局当时的工作主要是建立和巩固中央政权、发展经济、稳定社会秩序。包括开展著名的"三反""五反"运动。在党中央的领导和要求下，由中南局具体负责在中南六省、自治区（河南、湖北、湖南、江西、广东、广西）开展工作。

被选定的这一桥址的地理坐标：北纬（N）30.549度，东经（E）114.288度。该桥址线选择方案最终经中央人民政府政务院财经委员会批准。铁道部随即组织我国桥梁界的专家、技术人员等对长江大桥进行初步设计。滕代远*等铁道部领导反复叮嘱设计人员，一定要不辱使命，完成好这次重大的设计任务。

1953年4月，经政务院总理周恩来批准，专门成立了武汉大桥工程局**，具体负责武汉长江大桥的设计与施工。当年，参加

---

* 滕代远，湖南怀化麻阳县人，苗族。1937年任中央军委参谋长。1942年任八路军参谋长并参与北方局工作。中国工农红军早期创始人，是中国人民解放军的领导者之一，中国人民铁路事业的奠基人。他于1924年10月加入中国社会主义青年团，1925年春加入国民党，同年10月转为中国共产党党员。1942年5月任八路军参谋长，1948年5月任华北军区副司令员、中共中央华北局常委，11月任中国工农革命军事委员会铁道部部长。1949年兼任中央军委铁道兵团司令员、政治委员。中华人民共和国成立后任铁道部部长。1965年在第四届全国政治协商会议上被选为副主席。他是党的第七届至第十届中央委员。长期主持铁道部门工作，为中国的铁路事业做出了重大贡献。1974年12月1日在北京病逝，享年70岁。

** 大桥工程局的前身是1948年成立的东北人民解放军铁道纵队第三、第四支队，1953年改为铁道兵第三师，同年4月经政务院批准成立武汉大桥工程局。1954年3月改称铁道部大桥工程局。1970年8月，铁道部与交通部合并，改称交通部长江大桥局。1975年铁道部与交通部分设，又恢复铁道部大桥工程局名称。1984年1月兵改工后名为铁道部第十三工程局，2000年10月更名为中铁大桥工程局。2001年6月改名为中铁十三局集团有限公司，2014年3月改名为中国铁建大桥局集团有限公司。其是中国唯一集桥梁科学研究、勘测设计、工程施工、机械制造四位一体的大型工程公司，具备在各种江、河、湖、海及恶劣地质、环境条件建造各种类型桥梁的能力。

抗美援朝的彭敏，由于腿部受伤，正在疗养。年仅35岁的彭敏[*]接到中央的命令，让他立即动身从抗美援朝前线返回国内接受新的任务。彭敏回到国内才得知，中央命令中所说的新任务就是建设武汉长江大桥。成立之初的大桥工程局是按照我国军事化编制建成的机构。大桥工程局设有政治委员、副政治委员，还设有政治部等部门。大桥工程局的首任局长兼党委第一副书记由彭敏担任，政治委员由武汉市委第一书记王任重担任。与此同时，中华

---

* 彭敏，原名周镇宇。1918年10月出生在江苏徐州。毕业于扬州中学土木工程专业。抗日战争期间他积极参加反帝、反封建和抗日救国运动。他先后在扬州、上海、北京参加并组织了学生运动，在进步刊物《生活》杂志上发表文章，宣传反封建、反军阀和抗日救国思想。曾任第四野战军铁道纵队第三支队支队长，辽沈战役中指挥抢修哈长铁路和第二松花江大桥。在平津战役和淮海战役中，抢修津浦铁路及淮河大桥，西进抢修陇海铁路洛河大桥。在解放大西南的战役中，抢修衡阳湘江大桥及湘桂铁路等。在彭敏的领导下，确保了铁路、桥梁的畅通，使我军通过铁路运送了大批军用物资，为解放战争的胜利立下了功劳。中华人民共和国成立后任铁道兵团第三副司令员兼总工程师。抗美援朝战争时，任志愿军铁道兵团总工程师，中国人民志愿军铁道兵团、中朝联合军运司令部抢修指挥所司令员。由于他的卓越成绩和突出贡献，被授予二级勋章两次。1953年任武汉长江大桥工程局局长、党委书记、武汉市委委员。1960年任铁道部基建总局局长、部党委委员。1963年任国家科委副主任、党组成员。1965年兼任铁道部副部长。1970年任交通部副部长。1973年任国务院港口建设领导小组兼港口办主任。1975年任国家建委副主任、核心组成员。1979年4月兼任国家建委党组副书记、纪检组组长。1982年5月任国家经委副主任、党组成员兼秘书长。1983年4月任国家计委副主任、党组成员兼秘书长。1985年12月离休后任国家计委顾问。2000年3月6日在北京因病逝世，享年82岁。彭敏是我国铁路和桥梁建设的卓越组织者和领导者。

人民共和国首任铁道部部长滕代远将铁道部内仅有的三位一级土木工程师中的两位——汪菊潜、梅旸春都派到了大桥工程局工作。汪菊潜担任副总工程师，次年任总工程师。

1953年5月，按照中央人民政府政务院的批示，桥梁设计组完成了长江大桥的初步设计。此时正值中国、苏联友好合作时期，遵照中央人民政府政务院"关于请苏联方面帮助对桥梁初步设计进行技术鉴定，并听取苏联桥梁专家对建设长江大桥的意见建议"的指示。1953年7—9月，铁道部派出以彭敏为团长的9人代表团，携带武汉长江大桥的设计图纸、建设文件及相关资料前往苏联首都莫斯科，请苏联专家对建桥设计方案进行评估和技术鉴定。

代表团出发前，铁道部部长滕代远对代表团团长彭敏说："建桥文件请苏联方面鉴定是为了慎重。长江大桥是我国第一个重大工程，绝不能出任何差错。"并嘱咐道："你们出去也是一次很好的学习机会，听取鉴定意见一定要虚心，有情况随时向使馆和国内报告。我已告诉使馆，帮助联系参观他们一些建桥工地，多学多看些东西充实自己。"彭敏回答说："请滕部长放心，我们的技术人员会和苏联专家配合好，虚心向苏联专家学习。"滕代远部长又补充了一句："一要建成大桥，二要学会技术。"

这时候苏联方面在做什么呢？他们委派了由25名桥梁专家组成的鉴定委员会，并由交通部副部长、时任苏联桥梁工程总局局长古拉廖夫担任鉴定委员会主席,对中国武汉长江大桥进行专门鉴定与研究。1953年8月7日,桥梁鉴定委员会召开第一次会议,当时正在莫斯科参加国际铁路会议的铁道部部长滕代远也出席了鉴定委员会的这次会议并作了讲话。

苏联方面的鉴定委员会对长江大桥的设计方案做了认真的技术审核与鉴定,并于9月1日完成了设计方案的鉴定。苏联鉴定委员会对武汉长江大桥设计方案提出的鉴定意见主要有6点:第1点,桥址线在3个桥址比较方案中,选用第2比较线(龟山至蛇山一线),建议将第2比较线在汉阳岸向下游移动100～150米,以求改善。第2点,对于大桥的桥式,选择了连续梁方案。因连续梁比较经济且防空性能较强。建议采用三孔一联等跨平弦连续梁,并尽可能地做成简单的三角形桁架。第3点,长江大桥设计为公路、铁路两用桥,公路桥在上层,铁路桥在下层,应采用一次建成的方案。第4点,关于长江大桥桥梁载重等级,铁路上下部均采用中-24级。公路由汽-13级增为汽-18级及拖80检算。第5点,关于公路桥桥头线,初步设计中,武昌一侧的江岸是盘形道,汉阳一侧江岸在过桥后,以很小的曲线半径(约60米)急转弯沿龟山而下,走向长江沿岸。上述布置不能满足两岸行车要求,应另拟定公路桥迂回线的补充方案。第6点,长江中的桥墩采用气压沉箱基础,浮运法施工,技术设计时需继续进行地质勘探。根据苏联专家提出的鉴定意见，我国对武汉长江大桥设计方案做了研究和修正。

1954年1月，经过修正的长江大桥初步设计完成。铁道部随即将修正后的武汉长江大桥初步设计方案及铁道部部长滕代远《关于修建武汉长江大桥的报告》一并呈报政务院审批。当月，中央人民政府政务院召开第203次政务会议，在这次会议上认真讨论了铁道部部长滕代远呈送的《关于修建武汉长江大桥的报告》。这次政务会议通过了"关于修建武汉长江大桥的决议"，批准了修改后的武汉长江大桥初步设计方案和大桥工程概算。当年，我国许多中央报、地方报、行业报，如《人民日报》《工人日报》《中国青年报》《新华日报》《东北日报》《湖北日报》《长江日报》《人民铁道》《大公报》等报道了政务院第203次政务会议通过"关于修建武汉长江大桥的决议"的消息。其中,《人民日报》在1954年2月6日发表了"努力修好武汉长江大桥"的社论，号召全国人民支援武汉长江大桥的建设。

在武汉附近江面拟建长江大桥，这是中国在长江上建造的首座铁路、公路两用大桥，具有十分重要的政治、经济和战略意义。同时，政务院第203次政务会议还同意采纳苏联方面对长江大桥提出的设计意见。在这次政务会议上，正式任命前中国人民志愿军铁道兵团副司令员彭敏任武汉大桥工程局局长，任命武汉市委书记、市长王任重兼任武汉大桥工程局政委。同时要求武汉长江大桥要在1958年年底实现铁路桥通车，1959年8月底实现公路桥通车。这也体现了党中央、政务院对建设武汉长江大桥的坚定决心。

1955年1月15日，在湖北汉口召开了长江大桥桥址选线技术会议。千万不要小看这次并不引人注目的会议，就是在这次会议上，最终确定采用第5比较线（现在武汉长江大桥所在的桥址线）为建设长江大桥的最终桥址线，只等后续按照这一选定的桥址线建设武汉长江大桥。

1955年2月3日，国务院和铁道部在北京召开会议，宣布成立武汉长江大桥技术顾问委员会和武汉长江大桥美术评选委员会。这两个委员会均由我国著名专家组成。大桥技术顾问委员会由茅以升、王竹亭、陶述曾、蔡方荫、余炽昌、李学海、刘恢先、李国豪等16位专家组成。大桥美术评选委员会由著名建筑设计家杨廷宝、赵琛，著名雕塑家刘开渠，园林和城市规划专家程世抚等组成。这次会议明确说明，武汉长江大桥技术顾问委员会和武汉长江大桥美术评选委员会是根据政务院第203次政务会议决定组建的，是技术顾问性质的机构。主要任务是对长江大桥修建的技术设计与施工中的技术问题进行讨论研究后提出意见建议。对长江大桥的美术设计方案进行研究并提出意见建议。会议结束后，与会的两个委员会的全体委员便乘火车前往湖北汉口。抵达汉口后于2月6日上午，在汉口滨江饭店听取了大桥工程局局长彭敏关于长江大桥建设筹备情况的报告。此后，这两个委员会分别于1956年10月和1957年10月在湖北汉阳召开了两次会议。

红色工业

第 5 章
CHAPTER FIVE

中苏携手共建长江大桥，新方法节省了建桥时间

面对长江复杂的地质条件和水深流急的水文环境，在国民经济薄弱的条件下，我国工程技术人员同苏联专家一起勘测、研究，发挥才智、播洒汗水，改良方法、研制设备和工具，为国家节约资金和材料。武汉长江大桥承载了中国和苏联的友谊，更凝聚了中国和苏联专家的智慧和心血。

1954年2月，由地质部、水利部、铁道部联合组成的武汉长江大桥地质勘探队，在1950年初步勘测的基础上，对武汉附近长江的河槽及两岸的地质、水文情况进行了评估。同年2月6日，《新华日报》*在头版刊登了题为"武汉长江大桥即将兴修"的新华社电讯，称这是"我国社会主义工业建设中伟大工程之一"，该电讯说："我国人民盼望已久的、横跨长江中游的武汉长江大桥正在积极准备兴建。武汉长江大桥将使纵贯我国南北的京汉、粤汉两大铁路干线连接起来，从而使南方的湘桂路、浙赣路和北方的陇海路**及其他的干线等也贯通起来。这座大铁桥建成后，历史上被称为天堑的长江，在武汉就将从南北交通的陆上障碍变为火车窗外的壮丽风景，武汉三镇也将连接起来，更趋繁荣。"这篇电讯的

* 《新华日报》于1938年1月11日在武汉正式创刊。由周恩来总理等老一辈无产阶级革命家在河北涉县129师司令部创办，是中国共产党第一张在全国公开发行的报纸，并一直持续到1947年2月28日。后于1949年4月在南京复刊。

** 湘桂路是湘桂铁路（衡阳—凭祥）的简称，线路起始站为湖南衡阳和广西凭祥，全长1013千米。浙赣路是浙赣铁路（杭州—南昌）的简称，线路起始站为浙江杭州和江西南昌（初期称杭江铁路，即杭州至江西的铁路），全长351千米。陇海路是陇海铁路（兰州—连云港）的简称，线路起始站为甘肃兰州和江苏连云港，全长1760千米。

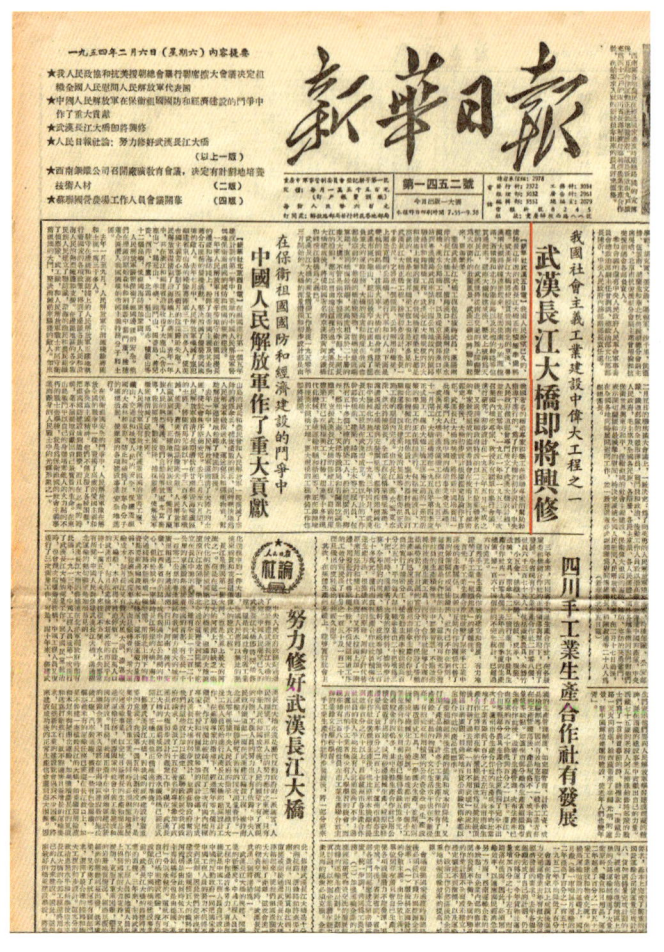

△ 1954年2月6日刊登即将兴修武汉长江大桥报道的《新华日报》

发表给当时的中国人民极大的鼓舞，大桥的勘测设计者也夜以继日地加紧工作，力争大桥早日开工建设。

1955年1月初，由地质部、水利部、铁道部共同组成的勘探队完成了武昌蛇山和汉阳龟山之间的地质、水文勘测与评价。

1955年2月，铁道部部长滕代远主持召开了武汉长江大桥技术顾问委员会成立大会，这个委员会将作为武汉长江大桥工程的技术咨询机构。由茅以升担任该技术顾问委员会主任委员，其他成员有罗英、陶述曾、李国豪、张维、梁思成、刘恢先等我国桥梁界、地质工程界、土木工程界、建筑界等的著名学者和专家。

1954年5月，政务院批准了铁道部提出的聘请苏联专家组来华支援武汉长江大桥建设的请求。1954年7月，应邀来华帮助建设武汉长江大桥的首批苏联专家抵达武汉。首批抵达的苏联专家中就有康斯坦丁·谢尔盖耶维奇·西林（以下称西林）、吉赫诺夫等7人。在他们抵达武汉后不久，苏联方面又派出了卡尔宾斯基等18人的专家组来武汉协助长江大桥的建造。这些苏联专家的到来对加速武汉长江大桥架建设案的实施和开展技术设计起到了积极作用。

西林是苏联著名桥梁专家，曾于1948—1949年，中国还处在解放战争时期，两次来到中国，协助中国修复因战争而受损的东北地区部分铁路及松花江第二大桥。他还参与了成渝（成都—重庆）、天兰（天水—兰州）、兰新（兰州—乌鲁木齐）等多条干线铁路的桥梁建设。

西林来到中国，他看过长江水文测量记录和地质勘探数据后指出，因长江水深流急，地质情况复杂，采用气压沉箱法需要将沉箱下沉深度达30～40米，在接近4个大气压的环境下，每名施工人员每天只能工作半个小时，而实际作业时间仅有十几分钟，且只能在枯水季的几个月内作业，这势必要延长施工时间、危害作业人员身体健康，同时需要购置大量特殊的深水施工设备，这无疑加大了工程的投资。当时年仅41岁的西林曾说道："我有个新的想法，但是鉴定委员会（苏联方面设立的由25名桥梁专家组成的大桥鉴定委员会）里都是我的前辈，负责人是桥梁技术权威，我不好说话。这个新办法在我国也没有用过，因为苏联没有长江。"西林提出长江大桥桥墩施工不宜采用气压沉箱法，建议采用管柱钻孔法*。这一方法不仅可以在江面施工，不受丰水枯水期的限制，而且不会影响施工人员身体健康。但管柱钻孔法毕竟是一项新技术，苏联也没有实践经验。

> * 管柱钻孔法是桥墩深水基础的建造方法之一，使用大型钢筋混凝土空心管柱，将其下沉到江底岩层，然后把管柱内的泥沙用高压水排尽，用大型钻机通过管柱在江底岩石上钻孔，钻孔后再用钢筋混凝土把管柱填实，使管柱与岩石牢固接合。以此为基础，在管柱桩上浇筑桥墩，桥墩建好后就可以架设钢梁了。这一方法具有可以采用机械施工、降低施工人员的劳动强度、节省建筑造价、提高施工效率等优点。

　　面对长江复杂的地质条件和水深流急的水文环境，原计划采用的气压沉箱法桥墩基础方案基本上无法使用了。转而采用苏联专家组组长西林提出的管柱钻孔法。此方法是世界建桥史上从未使用过的全新技术方法，存在一定的风险，需要进行大量的试验研究。大桥建设部门对管柱钻孔法进行了认真仔细的研究论证。

如在编制长江大桥技术设计时，对管柱基础做了若干个比较方案。有低承台和高承台的比较，垂直管柱和倾斜管柱的比较，椭圆形基础和圆形基础的比较等。通过反复比选，最终认为此方法可以试行，后请示铁道部部长滕代远和周恩来总理。1955年上半年，为确保大桥施工进度和测试管柱钻孔法的效果，国务院批准对管柱钻孔法方案继续进行试验并将新旧方案进行反复比较。为此，施工部门在长江北岸凤凰山麓的莲花湖及江心，进行了为期几个月的管柱钻孔法现场系列试验，共建立了35个管柱钻孔法试验墩桩，对管柱钻孔法的程序逐项进行试验。包括预制管柱、管柱下沉、钻孔、清渣、水下封孔、钻取岩心试压、多种直径管柱的下沉等。

试验过程中也曾遇到过挫折，但参试人员遇到问题就及时改进，再遇到问题就再改进，直到成功。曾在苏联莫斯科铁道工程运输学院求学的副博士*李秀芝学成回国后参与了长江大桥的建设工作，当年，她与年轻的技术员李步瀛专门对单根管柱的承压问题进行了反复研究，直到问题得到解决。当时为钻孔钻机选择钻头就经过了8次方案的改进。

1955年5月下旬至6月初，

* 副博士属俄式研究生学位。是俄罗斯（苏联）、乌克兰等国家高等院校实行的俄式学位制。要修读副博士学位，须先完成4年的大学本科课程和2年的硕士研究生课程。该学位颁授给副博士研究生毕业的学生，其比硕士学位高，但低于俄式学位的全博士学位（类似我国的博士后）。只有取得副博士学位的人才能够修全博士。20世纪50年代，我国许多留学苏联的学生曾获得副博士学位。

第5章 中苏携手共建长江大桥，新方法节省了建桥时间

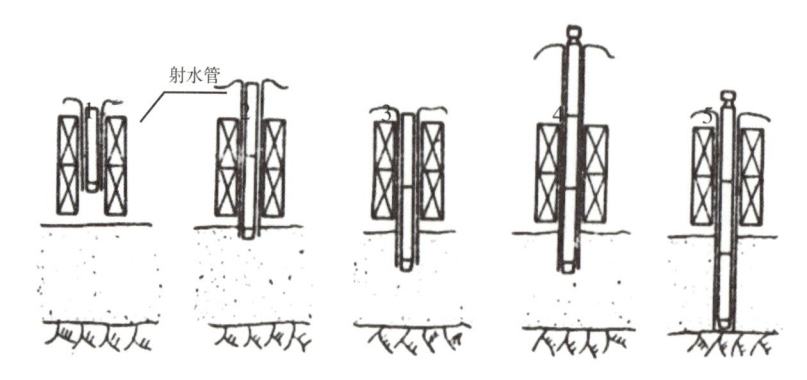

△ 管柱钻孔法的管柱下沉工序示意图

（射水管）

△ 在长江大桥桥墩处已竖立起许多管柱，准备采用管柱钻孔法施工

铁道部按管柱钻孔法编制出武汉长江大桥技术设计方案，并集中全国的桥梁专家和建筑专家举行了武汉长江大桥技术设计审查会，对大桥的技术设计、施工方法、施工进度和总预算等进行了周密的审查。1954—1955年，共编制完成了武汉长江大桥及其附属设施的全部技术设计文件。1955年7月，经国务院审核批准了这些技术设计文件，并准予实施，这标志着武汉长江大桥建设工程开始进入全面施工阶段。

△ 管柱钻孔法试验成功后，在长江大桥桥墩处开始进行管柱钻孔法施工

武汉长江大桥施工进入关键时期时，由于管柱钻孔法的试验尚未完成，也未得出全部试验数据和试验最终结果。所以对采用这一新的桥墩深水基础的施工方法还没有把握。武汉大桥局党委

向铁道部党组递交的报告中提道:"管柱钻孔法的施工试验是建桥成败的关键……"铁道部党组随即回复武汉大桥局党委时坚定地说:"只有成,没有败,只许成,不许败。"铁道部党组回复的话使武汉大桥局全体人员受到很大震动,他们深知,眼前只有创造性地完成管柱钻孔法试验这一条路。经过中苏双方参试的技术人员日夜奋战,克服了重重困难,经过几个月的反复试验,管柱钻孔法终于获得成功,达到了试验目的,证明此方法是切实可行的,随即把这种方法应用到了长江大桥桥墩深水基础施工中。

△ 长江大桥桥墩深水基础全部采用管柱钻孔法施工

△ 长江大桥桥墩施工时所用的带钢靴的管柱正准备向江底岩层下沉

在长江大桥建设中成功应用管柱钻孔法后，1956年10月25日，新华社专门播发记者报道称："武汉长江大桥各桥墩下沉管柱和从管柱内向江底岩盘钻孔的工作，在10月23日全部结束，在管柱和钻孔内灌注混凝土的工作也大部完成。这些情况表明，修建这座大桥具有决定意义的桥墩基础工程，已经基本完成了。"新华社的这篇报道肯定了管柱钻孔法在长江大桥建设中的成功应用。

武汉长江大桥桥墩基础工程从全面开工到基本完成仅用了一年零一个月。这样的速度在我国桥梁建设史上是第一次，修建这座桥梁时成功地运用了新的桥墩深水基础施工方法——大型管柱钻孔法，使全桥各桥墩能够同时全面展开施工，且不受洪水季节的影响和限制，能够做到常年施工。

新华社记者的报道还称："新的大型管柱钻孔法的运用，不仅保证了桥墩基础工程的速度，并且使工程造价大为降低。据初步核算，用这个方法修筑的桥墩基础，比用世界上流行的气压沉箱法要节约造价六百多万元。同时，用新方法修筑桥梁基础，在提高基础质量和改善工人的安全操作方面，也比一切旧的桥墩基础施工方法优越……"这篇新华社报道的内容足以说明，在武汉长江大桥建设中采用管柱钻孔法的多种优越性。

首任铁道部部长滕代远在他1968年所写的回忆录中提道："大桥的基础工程是采用最新的管柱钻孔法进行施工的。这个方法是

△ 管柱钻孔法试验成功后，长江大桥桥墩全面展开管柱钻孔法施工的场景

由苏联年轻的桥梁专家创意的，经过我国政务院批准采用的，经过我国工人、桥梁技术人员共同研究、共同试验、共同完成的。"这段话充分说明，我国在武汉长江大桥桥墩基础施工中，采用了一项国外新技术，但我们不是盲目仿效采用，而是经过科学、严谨的反复试验，证明新技术切实可行后才付诸实施的。

苏联政府在得知中国在建造武汉长江大桥的过程中采用了苏联专家西林建议的管柱钻孔法施工后，于1955年年底，派出了由运输工程部部长科热夫尼科夫率领的代表团来华参观武汉长江大桥的施工。实际上，苏联代表团明为考察、参观武汉长江大桥的施工，

△ 长江大桥8个江中桥墩同时采用管柱钻孔法施工

△ 采用管柱钻孔法施工建成的长江大桥桥墩

第 5 章　中苏携手共建长江大桥，新方法节省了建桥时间

实为实地查看管柱钻孔法的应用情况和实际效果。经过苏联代表团几天的实际考察和了解，西林提出的管柱钻孔法得到了苏联方面的认可。中国铁道部与苏联运输工程部都对这种新的桥墩深水基础施工方法给予了全面、正确的评价。

采用这一新方法施工也掀开了建桥技术史上桥墩深水基础建设的新篇章。大型管柱钻孔法的应用使武汉长江大桥的施工速度大大加快，桥墩基础工程从全面开工到全面完成仅用了一年零一个月。

武汉长江大桥建成后，那些试验管柱在岁月的流逝中也逐渐消失了。当年，首任铁道部部长滕代远意识到保留一些试验管柱的重要意义，他多次叮嘱，一定要妥善保存这些管柱。后经武汉铁路局的努力，在1959年国庆节前夕，把一根直径5米、高约6米、呈圆柱形的大型试验管柱实物作为历史纪念物放置在武汉市汉阳区的莲花湖*畔永久保存。当年保存这根管柱时，应邀来华的苏联专家西林与武汉铁路局局长赵锡纯、大桥局局长彭敏等人在管柱前合影留念。

这根管柱上写着"五米大型管柱试验实物纪念"几个大字。管柱底部的大理石基座上

---

* 莲花湖，现在的莲花湖公园，位于武汉市汉阳区汉阳大道10号，原名莲花泡，古称郎官湖，约有莲花百万株，因地理环境独特，天然生长莲花而得名。其为同纬度面积最大、莲花最多的一处天然莲花湖。史载为唐代诗人李白赐名。莲花湖公园有3座亭台，中呈八角形，左右呈方形，各以九曲桥相接。公园内亭台倒影，层叠隐现，风光宜人，是旅游的好去处。

△ 纪念管柱被永久保存后,1959年西林(左7)、武汉铁路局局长赵锡纯(右3)、大桥局局长彭敏(右4)等人与管柱合影

刻着武汉铁路局所写《管柱钻孔法试验记》内容,落款时间是"一九五九年国庆十周年前夕"。

《管柱钻孔法试验记》全文共473个字,部分内容摘录:"现在一座雄伟的大桥已永峙于龟蛇两山之间,南北天堑已变为通途。浩浩江水将永记着人们的功绩。一切试验的痕迹,由于工地的整理,新的建筑兴起,逐渐泯没,仅余莲花湖畔一巨型管柱尚存。滕代远部长数次谆嘱,妥为保存。经武汉铁路局加以整理,勒石为记,作为一历史性的纪念物。纪念这一世界桥梁技术上的新创造,纪念群众的智慧和劳动,征服长江的雄心壮志,纪念中苏技术合作的光辉范例,纪念永恒的牢不可破的中苏人民的深厚友谊。"这根试验管柱实物和武汉铁路局所写的《管柱钻孔法试验记》都是为了纪念武汉长江大桥桥墩深水基础施工技术史上的这项创新方法,是为了纪念人们征服长江艰险的雄心壮志,也是为了纪念中苏两国技术合作所取得的成果和两国人民的友好情谊。这根管柱实物已成为重要的工业遗产,它作为武汉长江大桥建设的工业见证,向后人默默诉说着大桥建设过程中前人经历的风风雨雨。

△ 保存在汉阳莲花湖旁已成为重要历史纪念物的直径5米的大型管柱钻孔法试验管柱实物

管柱钻孔法在武汉长江大桥桥墩深水基础施工中的成功使用,为我国后续建造的一些大桥桥墩开辟了一条新路,积累了经验。例如,后续建造的南昌赣江大桥、重庆白沙沱长江大桥、郑州黄河大桥、广州珠江大桥、蚌埠淮河大桥、济南黄河大桥、南京长

△《管柱钻孔法试验记》纪念碑碑文局部及碑记落款

江大桥等，都采用了这种施工方法。不仅节省了工程费用和时间，还保障了施工人员的身体健康。

1955年9月1日，武汉长江大桥总体工程全面开工。在党中央提出的"集全国优秀人才，建长江第一大桥"动员令号召下，国家有关部委的人员，各地优秀的桥梁专家、技术人员和施工工人会聚武汉。在武汉长江大桥建设期间，仅湖北省就有十几万干部群众到大桥建设工地参加义务劳动。当时"到大桥建设工地参加义务劳动"曾是一句流行语。人们一到大桥建设工地，就能听到雄壮有力的劳动号子声，"同志们加把劲儿呀，哎嗨呦啊……"对当时的人来说，这劳动号子再熟悉不过了，不用看就知道这是人们为大桥建设正在努力。来大桥建设工地参加义务劳动的人个个干得热火朝天，他们以主人翁的精神不辞辛苦、不计报酬，只为大桥的早日建成贡献自己的一分力量。

在武汉长江大桥建设的勘测阶段，国家地质部派出了最优秀的工程师和勘测师，在桥址线上下游 700 米江段连续工作了 8 个月，共钻探岩层深达 3075 米，清楚地查明了江心地质情况并得出最终结论。国家重工业部、机械工业部所属的有关工厂为大桥正桥钢梁解决了特种钢的原料、加工及部分施工机械的制造问题，还为大桥建设提供了大型起重船、铁驳船等重型机具。为大桥建设提供支持和帮助的部委还有对外贸易部、交通部、水利部、国家气象局等。另外，长江水利委员会、长江航务管理局、中南气象局等单位为大桥建设提供了船舶运输、水文测量、气象预报等方面的支持。全国有近 50 个工厂在本厂生产任务之外，都接受了大桥施工所需零部件的生产加工任务，为武汉长江大桥顺利施工提供了保障。

这些事实充分说明，我国在社会主义制度下具有集中力量办大事的优越性。也充分说明，在历史的长河中，中华民族形成的伟大民族精神和优秀传统文化具有强大的凝聚力，是中华民族生生不息、长盛不衰的文化根基。

岁月还为我们记录了许多令人感动的场景。1954—1956 年，武汉长江大桥建设进入施工的关键阶段，全国各地支援大桥建设的人员和物资源源不断地到达武汉。他们当中有来自北京的工程技术人员，有来自山东的复员转业军人，有来自四川的技术工人，有来自河南的辅助员工。这些来自五湖四海、操着不同乡音的人们会聚武汉，为大桥建设贡献自己的智慧和力量。

如今，昔日的大桥建设者很多已是满头白发。但他们回忆起当年参加大桥建设时的场景，仍记忆犹新。例如，1955年新婚仅3个月的天津吊车司机王秀峰及其夫人，从天津新河材料厂调到武汉支援大桥建设。那时的汉阳钟家村十分荒凉，是一片长满芦苇的水塘。王秀峰夫妇就住在这里的一间小房子里，买来锅碗瓢盆就开始了建设武汉长江大桥的新生活。王秀峰的妻子郭仕珍回忆说："我们俩一个拿着提包，一个拿着被褥行李，坐着人力车，再坐小划子（小船），就这样到了这里。"王秀峰掌握20多种不同类型吊车的操纵技术，当时是一名四

△ 来自全国各地的建设者为建设武汉长江大桥会聚建设工地

第5章 中苏携手共建长江大桥，新方法节省了建桥时间

级工。他参与了武汉长江大桥的桥墩竖立、混凝土搅拌、正桥钢梁架设等。王秀峰说:"长江大桥钢梁的每个组件、铸件,在我的心里都有数。每一根米字型钢梁的立柱有16吨重,4个斜杆每个有9吨重,钢梁下悬重36吨,上悬重35吨,到现在我仍记得清清楚楚。"最让王秀峰记忆深刻的是当年钢梁合龙的情景。王秀峰回忆说:"我操纵着下悬吊机,吊着扎着两个大彩球的钢梁,稳稳当当落下时,大桥的最后一根钢梁架设完成。这时桥上桥下欢声雷动,

△ 武汉长江大桥建设工地上唯一的女吊车司机潘嫦媚在操纵吊车

锣鼓喧天。那个场面可热闹了，至今我也忘不了。"

还有一位名叫潘嫦媚的吊车司机，她是武汉长江大桥建设工地上唯一的女吊车司机，她在工作中吃苦耐劳，尤其是当时大桥施工最紧张、最关键的时候，她开着吊车昼夜奋战在施工现场。她参加工作仅一年多，就被评为武汉大桥局先进生产者和武汉市青年社会主义积极分子。这些勤劳、质朴的建设者，他们远离家乡，放弃安逸的生活来到大桥建设工地，在艰苦的条件下，无怨无悔地投入武汉长江大桥的建设，这种不求回报，只愿付出的态度，是多么令人敬佩和称赞啊！

红色工业

第 6 章
CHAPTER SIX

建设者们发挥聪明才智，为建桥研制了多种机具

建桥的技术人员和施工工人发挥聪明才智和主人翁精神，针对武汉长江大桥建设需要，研制出多种适合长江大桥桥墩深水基础管柱钻孔法作业和其他水上作业的设备和工具。

1953年11月，作为武汉长江大桥系统工程的开局之作——汉江铁路桥工程率先开工。同年12月，铁道部部长滕代远视察汉江桥建设工程时，要求大桥工程局的同志认真学习造桥技术，在实践中锻炼成为中国铁路和桥梁建设队伍中一流的、有经验的、有理论的建设人才。汉江铁路桥的建造为年轻的中国桥梁专业队伍提供了一个极好的练兵机会。通过汉江铁路桥的建设，确实锻炼了一批桥梁建设人才，他们在我国后续的桥梁建设中发挥了重要作用。在汉江铁路桥投入建设的同时，汉口、汉阳联络线工程也相继展开施工建设。

1954年2月6日，《人民日报》专门为武汉长江大桥的建设发表社论，社论的标题是"努力修好武汉长江大桥"，社论号召全国人民大力支援武汉长江大桥的建设。随后，为加强大桥建设的党政领导和技术保障，确保工程进度，政务院又任命杜景云为武汉大桥工程局副政委兼政治部主任，杨在田、崔文炳任副局长，汪菊潜任总工程师，梅旸春、李芬、朱世源为副总工程师。武汉大桥工程局领导班子的加强，为武汉长江大桥的建造提供了坚强的领导保障。

经国务院批准后（此时，中央人民政府政务院已经改为中央人民政府国务院），武汉长江大桥正桥于1955年9月1日开始施

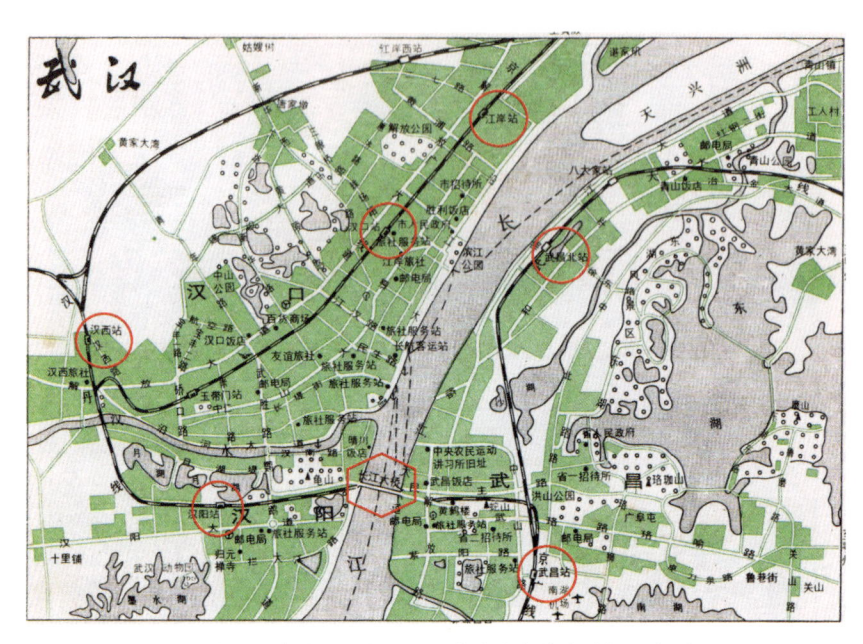

△ 武汉长江大桥系统工程中建设的与大桥配套的多个铁路站场示意图

工。长江大桥的庞大工程除正桥工程外，还包括一大批配套工程。如建造跨越长江支流汉江的铁路桥和江汉公路桥各一座，建造跨越武汉三镇市域道路的跨线桥 9 座，汉口至汉阳的联络线，由丹水池站经江岸西站再至汉江铁路桥的汉口迂回线，江岸站至江岸西站的联络线总计约 12.9 千米，公路联络线 45 千米，还建有江岸西编组站、汉西站、汉阳站等铁路站线及多个铁路站场设施。武汉长江大桥的建造技术之复杂和规模之大，不仅在中国是空前的，在当时世界桥梁建设工程中也是极少见的。

武汉长江大桥的建设需要众多的机械设备及充足的电力保障。

成立不久的武汉大桥工程局为此专门组织人员在江岸上和江中施工处进行了多种设备、工具的试制。建桥的技术人员和施工工人发挥聪明才智和主人翁精神，针对武汉长江大桥建设需求，研制出多种适合武汉长江大桥桥墩深水基础管柱钻孔法作业和其他水上作业的设备和工具。如水上钻机和钻头、可带动5吨重钻头的ＹＫＣ型冲击式钻机、旋转式牙轮钻机、十字形带横端的铸钢钻头、震动打桩机、水面发电船、水上配电站、水上混凝土搅拌站、水上吸泥机等。

△ 为武汉长江大桥桥墩施工研制的震动打桩机

△ 为武汉长江大桥施工研制的水面发电船

第6章 建设者们发挥聪明才智，为建桥研制了多种机具

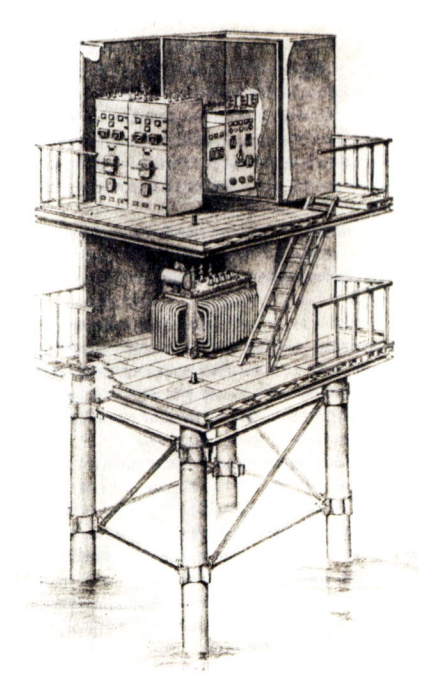

△ 武汉长江大桥施工时使用的水上配电站

△ 为武汉长江大桥施工研制的水上混凝土搅拌站

下面重点说一下研制出的 ВП-5 型震动打桩机。这种震动打桩机是在苏联专家指导下，由我国年轻的工程师陆荣祥、柳景田等研制的。这种震动打桩机设有 20 个偏心锤，偏心锤的最大力矩是 38000 千克 / 厘米，负荷轴数量 8 个，负荷轴转数 500～1000 转 / 分钟，电动机转速 1450 转 / 分钟，震动力达 120 吨。这种打桩机主要用于桥墩施工，使管柱向江底岩层下沉时能够更快速、更稳固。随后，他们又研制了震动力更大的 400 吨震动打桩机。

当年的技术革新能手周树桃是 1950 年参加工作的，1957 年年初来到武汉长江大桥建设工地。他善于钻研，为建桥发明了多种工具和设备。由于他出色的工作成绩，先后被武汉市、湖北省、铁道部评为劳动模范。据当年参加建桥的老同志回忆，周树桃发明的自动筛沙机、扁担锤等在武汉长江大桥建成后还作为桥梁养护工具、设备继续使用了一段时间。这些由中国工程技术人员和工人发明自制的施工工具和设备，在长江大桥建设过程中发挥了巨大的作用，保证了大桥工程的质量和进度，也反映出广大建桥工人和工程技术人员尊重科学、因地制宜、独立自主的创新精神。自 1954 年长江大桥开工建造以来，大桥建设者们共提出了 2693 个合理化建议和意见，涉及节约开支，节省施工材料，采用新技术、新工艺等。其中被采纳的意见和建议有 1437 个，为国家节约了 72 万元建设资金。例如，武汉大桥工程局年轻的女实习技术员成瑞珠，她工作中认真负责，努力钻研业务，在计算大桥公路桥托架时提出了一项修改建议，为国家节省了约300吨钢材。又如，当时已60岁的顾懋勋，他提出了修改武汉长江大桥武昌岸六座跨线桥的施工方案，为国家节省了不少建设费用。

1955年下半年，采用管柱钻孔法施工的大桥江中的8个桥墩陆续开工建造，在滚滚长江上显现出一幅热火朝天的壮观场面。

1956年10月，武汉长江大桥各桥墩下沉管柱和从管柱内向江底岩盘钻孔的工作全部完成。大桥桥墩工程竣工后，大桥施工转入正桥钢梁架设阶段。正桥钢梁采用的是菱格形（米字形）3联9孔的等跨简支梁，用平衡悬臂拼装法进行钢梁架设。

下面让我们来看一组数字，从中可看出当年武汉长江大桥建设工程的浩大。大桥及其配套工程的总投资预算是1.72亿元人民币，实际只用了1.384亿元。长江大桥本身造价预算是7250万元，实际只用了6581万元；大桥工程耗用混凝土和钢筋混凝土12.63万立方米；制作直径1.55米的钢筋混凝土管柱600延长米*；打入钢筋混凝土管桩3000根，总长62.5千米；在管柱内钻孔224个；全桥安装钢梁24372吨，其中正桥所用钢梁21420吨，铸钢支座516吨；铆接钢梁用了100万颗铆钉。直接参与武汉长江大桥施工的人员约有8000人；参加土石方施工的民工队伍约有12万人；还有108位大桥建设者为长江大桥的建造献出了宝贵的生命。

* 延长米，又称延米，工程量统计单位。多用于一些不规则的工程，如管道、岸线、挖沟等工程量统计。

我们应该永远记住这些为建造武汉长江大桥做出过贡献的建设者们。没有他们的不懈努力和艰苦付出，就没有现在的武汉长江大桥。

自古武汉三镇就与许多历史人物、历史事件联系在一起。仅近现代的人物就有张之洞、盛宣怀、詹天佑、孙中山、蒋介石、施洋、林祥谦、毛泽东、周恩来、彭德怀、叶剑英、项英等，他们都曾在这里留下足迹。近现代的许多重大事件，如汉口开埠、武昌起义、辛亥革命、"二七"大罢工、武汉会战等都曾在这里发生。这些历史人物和历史事件终将被世代铭记。

为建设武汉长江大桥，武汉三镇的人民更是做出了巨大的贡献。当年，武昌、汉口、汉阳三地为建设大桥，需要进行大量的房屋拆迁、企事业单位搬迁及无主坟墓的迁移。仅以武昌地区为例，拆迁工作涉及武昌的14条街巷，占地面积17万平方米，搬迁居民862户，迁移78家工商业单位和19家机关事业单位，移走3座船舶码头，迁移几十座无主坟墓，还迁走了大量的电线杆、电话电报线缆、电力变压器等公用设施。在完成上述搬迁任务后，还有大量的土方回填工作，可见当年为修建武汉长江大桥及配套工程的拆（搬）迁难度，以及武汉三镇人民的付出。

红色工业

第 7 章
CHAPTER SEVEN

**攻坚克难架设正桥钢梁，
一桥飞架天堑终变通途**

从我国的桥梁厂从无到有，自行制造钢梁，到工人们不畏严寒酷暑，用铆钉对钢梁进行铆合作业，到国家领导人视察，时时过问，再到全国人民对武汉长江大桥修建的驰援。这一切将我国工人阶级自力更生、艰苦奋斗的精神展现得淋漓尽致，也说明中国共产党领导下的中华民族是个可以集中力量办大事的民族。

1957年第一季度，武汉长江大桥的8个水中桥墩基础工程完工，紧接着就是架设正桥钢梁的工作。大桥正桥钢梁的架设采用平衡悬臂拼装法进行安装，施工人员将钢梁分别从武昌岸和汉阳岸两侧向江中心的第6号桥墩（正桥钢梁合龙的桥墩）推进架设。架设大桥正桥钢梁用的是特制的40吨双动吊臂起重机和35吨单动吊臂起重机。为使武汉长江大桥早日建成，大桥建设者们以中国工人阶级主人翁的精神，无论是艳阳高照，还是雨雪交加，他们都夜以继日地奋战在架桥第一线。夜间施工时，人们看到架设钢梁时的建桥场景，那里灯火通明，大桥建设工地的灯光不仅映照在滚滚奔流的江水上，也映照在奋力架设钢梁的施工人员的脸上，

▽ 从武汉长江大桥两岸同时向江中第6号桥墩架设钢梁

△ 武汉长江大桥修建使用单动吊臂起重机　△ 武汉长江大桥夜间架设钢梁的施工场景
　架设钢梁

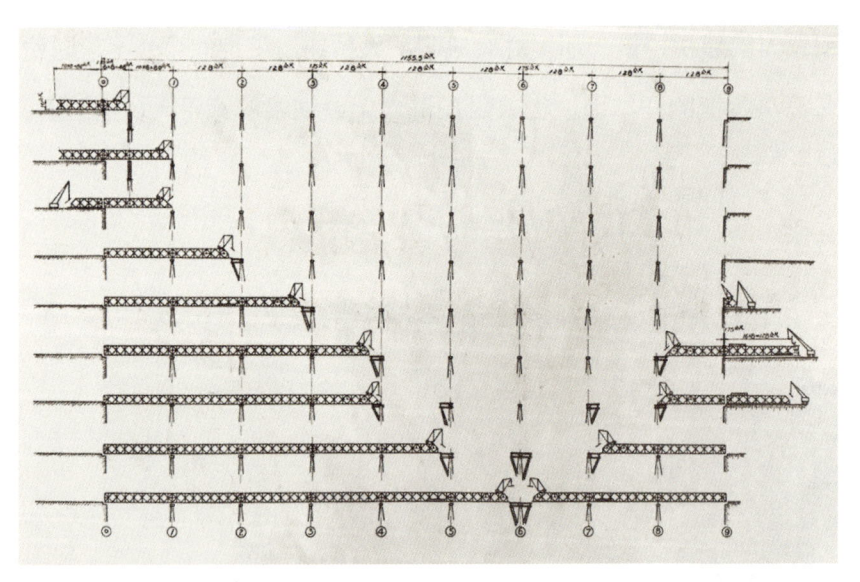

△ 武汉长江大桥正桥钢梁安装示意图

更映照在中国人的心上。

建设中的武汉长江大桥，按照设计要求，大桥正桥为 8 墩 9 孔，每孔桥跨 128 米。正桥的钢梁由平弦菱形连续梁组成，钢梁设计成三联，每联三孔。钢梁制作得非常精准，由两岸将平衡悬臂向江心第 6 号桥墩拼接后合龙。连续梁由一组绞式固定支座和三组辊轴式支座支撑。在最高洪水水位时，桥下净空高度为 18 米，可以使上行的大型船舶顺利通过。这也符合 1953 年 4 月下旬中央人民政府政务院对长江大桥设计方案中关于桥下净空的重要批示。

△ 从正桥钢梁到江面的距离可看出大桥桥下净空完全符合政务院的批示

△ 武汉长江大桥雪中施工的场景

△ 武汉长江大桥正在进行钢梁架设

中国在制造武汉长江大桥所用钢梁方面并没有成熟的经验，这使人们想起 1937 年 9 月建成的钱塘江大桥。钱塘江大桥虽然是中国桥梁专家茅以升、罗英等设计的，但大桥的正桥和引桥所用的钢梁分别由英国和德国的公司提供。因此，这次武汉长江大桥的钢梁制造备受人们关注。不过，武汉长江大桥钢梁所用钢材是由中国鞍山钢铁厂提供的，正桥钢梁分别由铁道部所属的山海关桥梁厂*和沈阳桥梁厂**制造，正桥钢梁支座由机械工业部所属的沈阳重型机器厂制造。这标志着我国自行制造大型钢梁的开始。当年，这几家工厂的干部和职工得知他们要为我国第一座长江大桥制造钢梁的消息后，非常振奋，他们以极大的干劲和不畏困难的精神投入钢梁的制造。为了制造钢梁，山海关桥梁厂和沈阳桥梁厂都特别编制了特种工艺规程，并在这些规程的基础上，增添了新式机具，并改进了原

*　山海关桥梁厂（今中铁山桥集团有限公司）前身是 1894 年设立的北洋官铁路局山海关造桥厂，是中国最早建成的桥梁厂，也是中国第一家以桥梁钢结构和铁路道岔及配件为主的制造企业。山海关桥梁厂制造了中国第一孔钢桥、第一组铁路道岔、第一台架桥机、第一组高锰钢辙岔等。被誉为"中国钢桥梁钢结构产业的摇篮"。武汉长江大桥建造期间，山海关桥梁厂与沈阳桥梁厂一起为武汉长江大桥钢梁的制造做出了杰出贡献。

**　沈阳桥梁厂是由 1939 年侵华日军建的株式会社满洲松尾铁工厂和 1940 年侵华日军建的满洲横河桥梁株式会社合并而成的。抗日战争胜利后，为国民政府所控制。1956 年，因支援"三线建设"，该厂部分设备搬迁到宝鸡桥梁厂。后该厂停止钢梁生产，转产筑路机械、钢轨扣件等。

第 7 章　攻坚克难架设正桥钢梁，一桥飞架天堑终变通途

有设备。两家工厂制造的菱格型钢梁精确度高、质量过硬。钢梁运抵武汉长江大桥施工现场前，桥梁厂还对其进行了试拼装和前期质量检查。在这些钢梁运抵长江大桥施工现场后和实际架设时，没有发现尺寸偏差，极大地保证了武汉长江大桥的架梁进度和大桥修建的总体进度。

△ 武汉长江大桥正桥钢梁菱格型结构近景

正桥钢梁架设中，需要将每组钢梁用铆钉铆合，当时长江大桥钢梁架设工地上空昼夜不停地响着铆钉枪的声音。但当质量检查人员检查大桥第一孔钢梁铆合质量时发现，有近60个铆合点存在质量问题。铆钉并没有完全填满钉孔，最大的间隙有两毫米。

△ 苏联桥梁专家正在检查武汉长江大桥钢梁铆接情况

这一钢梁铆合质量问题立即被汇报到武汉大桥工程局。武汉大桥局局长彭敏立即叫停了大桥钢梁的全部铆合作业。并撂下狠话："铆合质量不合格、不解决，钢梁就停止向前拼装。"钢梁铆合作业停止后，现场施工的工人和技术人员集中讨论研究以解决这一问题。经过认真研究，他们认为大桥钢梁的铆接作业技术含量高，铆接时必须一丝不苟。因为，大桥的每孔钢梁跨度为128米，钢梁最厚的部分为1700毫米，需要使用直径260毫米的铆钉，并将铆钉在现场加热后及时用铆钉枪进行铆接。在我国桥梁建造中，他们还从未铆合过这样厚的钢梁。经工程技术人员和苏联专家反复试验，取得了使用长铆钉铆合厚钢梁和提高铆钉孔密实度的比较理想的试验数据。随后，他们把那些不合格的铆钉全部拆下重新铆合，以确保大桥钢梁的质量。武汉市特等劳动模范宋大振与年轻的女技术员桑娟在大桥工地反复研究钢梁铆接中出现的问题。就是这位特等劳模曾创造8个小时在钢梁上打入500多颗铆钉的纪录，极大地加快了正桥钢梁的铆接速度。钢梁铆合问题解决后，大桥钢梁铆合工作又重新启动了。

在中苏两国工程技术人员和广大建桥施工人员的不懈努力下，1957年5月5日，武汉长江大桥正桥钢梁在江中第6号桥墩处顺利合龙。

正桥钢梁合龙当日，许多大桥的建设者冒着雨，从武昌岸一

△ 武汉市特等劳动模范宋大振（左）与年轻的女技术员桑娟（右）在武汉长江大桥工地研究钢梁铆接问题

△ 武汉长江大桥施工人员正在用铆钉铆合正桥钢梁

△ 武汉长江大桥正桥钢梁在江中6号桥墩处顺利合龙远景

△ 武汉长江大桥正桥钢梁在江中6号墩处顺利合龙近景

△ 钢梁合龙后俯瞰武汉长江大桥正桥在江面上的倒影

侧通过大桥正桥徒步走到汉阳岸一侧参加为正桥钢梁合龙举行的庆祝会，他们成了第一批通过武汉长江大桥横跨长江的人。当时任国务院副总理的贺龙及铁道部、湖北省、武汉市的领导来到大桥钢梁合龙现场参加庆祝会。

这座在长江上建造的第一座铁路、公路两用特大桥，全长1670.4米，其中正桥长1155.5米，北岸引桥长303米，南岸引桥长211米。采用3孔一联的菱格型（米字型）钢桁梁，这种钢桁梁的结构更稳定，也便于检修。正桥设有8个桥墩9个桥孔（8

▽ 建成后的武汉长江大桥正桥全景

墩9跨），每孔跨度为128米，等跨，桥下可以通行大型江轮。基底至公路桥面的高度为80米，上层的公路桥宽22.5米，设有18米宽的双向4车道，机动车行车道两侧设有人行步道供行人通行，一侧人行步道宽2.25米；下层为14.5米宽的双线铁路桥。整座桥的设计完全符合1953年4月中央人民政府政务院对武汉长江大桥设计方案作出的重要批示，其中批示的第二点要求按双线铁路、公路两用桥设计，第三点要求从注意防空及兼顾美观来说，以采用连续梁为好等。

▽ 武汉长江大桥正桥菱形钢梁远景

武汉长江大桥正桥两端还建有35米高、具有民族特色的4座桥头堡*。桥头堡不仅对大桥起到美化的作用，还有实用价值。长江大桥上的4座桥头堡的主要作用有：①支撑正桥钢梁、支撑引桥钢筋混凝土梁及支撑人行步道梁。②从美学角度来看，桥头堡可把全桥界分为两部分，即钢结构的正桥和混凝土结构的引桥。③桥头堡最下层设计成登桥电梯和楼梯的出入口，人们可乘梯直通大桥上部的桥台观景。

> * 桥头堡是大型桥梁的附属建筑之一，桥头堡建在桥梁两端。它最初的作用主要是军事防御，在古代，桥梁是渡河的捷径，战略攻守要塞，因此需在桥上设置临时性或半永久性工事建筑，这样桥头堡就诞生了。随着时光的流逝，桥头堡逐渐转换了角色，从最初的防御功能演变出新的功能，例如，桥头堡可以增添桥梁造型的美感，其内设的楼梯和电梯成为人们上下大桥的通道，在桥头堡上可以观览大桥周边的景色。

武汉长江大桥建成后，京汉铁路和粤汉铁路全线连通，铁路列车再也不用通过火车轮渡过江了。原来火车通过轮渡过江时，需要耗费1个多小时的时间。而现在，铁路列车仅需短短几分钟就可以通过长江大桥迅速过江了。这对于便利大江南北广大地区的人员流动、物资运输，改善武汉三镇的交通网络，促进我国交通运输事业的发展都具有重要意义。武汉长江大桥建成后，原来的铁路轮渡便于1958年停航了。

在武汉长江大桥的建设过程中，显现着中国共产党的坚强领导和国家领导人的亲切关怀。从大桥桥址选择到大桥全面建成通

△ 俯瞰建成后的武汉长江大桥全貌

车，毛泽东主席曾1次察看桥址线位置，3次来到大桥建设现场视察。周恩来总理批准桥墩深水基础采用管柱钻孔法施工，并选定大桥建筑艺术造型方案，批准成立武汉大桥工程局等。刘少奇副主席在1957年正桥钢梁合龙前乘江轮视察了建设中的武汉长江大桥。贺龙副总理、李富春副总理分别出席了武汉长江大桥钢梁的合龙庆祝会，大桥建成通车典礼。这些反映出武汉长江大桥的建设，从规划设计、实地勘测、建设施工到建成通车，一直是在中国共产党的正确领导下与党和国家领导人的亲切关怀下进行的。

武汉长江大桥建设过程中毛泽东主席 3 次来到大桥施工现场视察建桥情况。

1956 年 5 月 31 日，毛泽东主席在罗瑞卿、杨尚昆、王任重、张体学、李尔重、陈再道等的陪同下，从湖南长沙乘飞机抵达武汉。稍事休息后，毛泽东主席就在湖北省和武汉市相关负责同志的陪同下，从汉口江汉关军用码头登上"武康号"江轮，视察建设中的武汉长江大桥工地。在"武康号"江轮上听取武汉大桥工程局局长彭敏对大桥建设情况的汇报。听取汇报的过程中，毛泽东主席不时询问一些问题，如什么是气压沉箱法？沉箱病是什么病？什么是拆装结构？……并对周围人说："管柱钻孔法，本是苏联工程师发明的，可他们不敢用，我们用了，证明了是成功的。"当天下午，毛泽东主席乘"武康号"江轮来到武汉长江大桥第 8 号桥墩附近，认真查看桥墩。随后，毛泽东主席就从"武康号"江轮上扶着舷梯到长江中畅游。

1956 年 6 月 3 日，在湖北调研的毛泽东主席上午先视察了武汉重型机床厂，下午 3 时 30 分，毛泽东主席乘"武康号"江轮来到武昌平湖门江面下水游泳，并游过长江大桥的第 7 号和第 8 号桥墩，最后在任家路江面登上"武康号"江轮返回。当时，建设中的武汉长江大桥的桥墩正在紧张施工，江面上一派热火朝天的建设景象。此时，大桥的雏形已经初步显现，毛泽东主席看到此情此景，回去创作了那首著名的诗篇《水调歌头·游泳》。其中广为传诵的名句："风樯动，龟蛇静，起宏图。一桥飞架南北，天堑变通途。"这正是毛泽东主席对武汉长江大桥雄伟气势和重要作用的真情描写，也给了武汉长江大桥的全体建设者和全国人民以极大的鼓舞。如果大家有兴趣可以重新读一读毛泽东主席的这首《水调歌头·游泳》，感受一代伟人对祖国建设成就所抒发的情怀。武汉长江大桥也是唯一一个被毛泽东主席写进他的诗词中的现代建筑。

△ 毛泽东主席《水调歌头·游泳》中的著名词句

1957 年 9 月 6 日，武汉长江大桥竣工通车在即，毛泽东主席第三次来到武汉长江大桥视察。当天下午 3 时左右，毛主席从武昌造船厂码头登上江轮，查看正桥钢梁合龙后的长江大桥全貌。然后毛主席从汉阳一侧登上大桥并沿大桥从汉阳桥头步行到武昌桥头。武汉大桥局副局长杨在田等陪同毛主席视察，并代表全体桥梁建设者送给毛主席一册《武汉长江大桥工程画册》。毛主席向陪同视察的杨在田副局长问道："现在有外国专家在这里，可以修这样的桥，如果没有，可以修了吗？"杨在田回答道："可以修了！"毛

第 7 章 攻坚克难架设正桥钢梁，一桥飞架天堑终变通途

主席又问一句："真的可以修了吗？"杨在田肯定地答道："确实可以修了！"毛泽东主席满意地点了点头。毛泽东主席对长江大桥的几次视察，体现了中华人民共和国的人民领袖对国家重大经济建设项目的关怀和对中国建设成就的认可。

由于进行大桥桥墩深水基础施工时采用了当时先进的管柱钻孔法及其他一些新的建桥技术、工艺。再加上参加建桥的中国工人和技术人员争分夺秒、奋力施工，使原本计划需要四年零一个月的时间才能建成的武汉长江大桥的工期大幅缩短。中华人民共和国首任铁道部部长滕代远为长江大桥的建设也倾注了很多心血，对大桥怀有深厚的感情。仅在1958年他就两次为长江大桥题写贺词。1958年7月1日，他为武汉长江大桥即将建成一周年所写贺词："武汉长江大桥的建成，是我国社会主义建设又一次光辉胜利。大桥

△ 滕代远在1958年7月1日为武汉长江大桥题写的贺词

134　武汉长江大桥

的基础工程是世界桥梁技术上的重大创举，是世界桥梁科学上的一面鲜艳的红旗。它标志着中国人民敢想敢干，勇于独创的典范。"1958年10月1日，他为武汉长江大桥建成一周年题写贺词："武汉长江大桥的建成，是我国社会主义建设又一次光辉胜利。是世界桥梁科学上的一面鲜艳的红旗。"

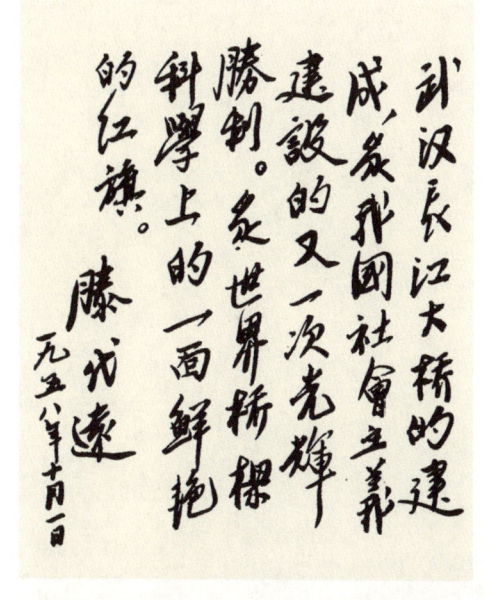

△ 滕代远在1958年10月1日为武汉长江大桥建成一周年题写的贺词

从1955年9月大桥开工建设到1957年10月大桥建成通车，仅用了两年零一个月。这在当时就是一个奇迹，是由中国人创造的奇迹，是中国速度的真实体现。在这种中国速度下建造的武汉长江大桥，可谓一座真正了不起的大桥。

红色工业

第 8 章
CHAPTER EIGHT

万众齐欢庆大桥终建成，
谱写桥梁建设的新篇章

一桥飞架南北,天堑变通途。

武汉长江大桥通车了,这是一次具有历史意义的成功,更为中国桥梁建造积聚了人才和经验。正如人们称颂的那样:一桥融天际,龟蛇守桥头,舟车穿梭过,吟诵大江流,桥旁几仰望,沙鸥竞自由。

武汉长江大桥于 1957 年 7 月经国家长江大桥验收接收委员会的初步检查验收后，于 8 月 15 日下午进行了大桥铁路桥首次列车试运行。由蒸汽机车牵引着一节铁路客车，平稳地驶过大桥铁路桥。9 月 25 日，在正式举行武汉长江大桥竣工通车典礼前，再次进行了铁路桥的列车试运行。这次试运行由蒸汽机车牵引着一列旅客列车平稳、顺利地通过了铁路桥。从蒸汽机车牵引一节铁路客车通过铁路桥，到蒸汽机车牵引一列旅客列车通过铁路桥，可以看出铁路部门对铁路桥的检验是十分慎重的。进行列车试运行的目的一是检验武汉长江大桥铁路桥的承载能力、施工质量和安全标准，二是检查桥上双线铁路的轨枕、钢轨铺设是否符合要求，桥上的铁路信号设备等调试工作是否完备。

武汉长江大桥于 1957 年 7 月和 10 月分别通过了中央人民政府国务院长江大桥验收接收委员会的初步检查验收和复检验收。当年 10 月 10 日，武汉长江大桥验收接收委员会的组成人员，国家建委副主任王世泰、铁道部副部长武竟天等对大桥的各组成部分进行了严格的复检查验。检查后认为，大桥的各部分完全符合设计要求，可以交付使用。10 月 13 日，武汉长江大桥验收接收委员会签字批准了验收接收报告书。委员会给出的检查验收结论是：

△ 武汉长江大桥验收接收委员会成员签字批准了大桥的验收接收报告书。国家建委副主任于世泰（右3）、铁道部副部长武竟天（左1）在验收接收报告书上签字

长江大桥的稳定性高，抗冲击系数好，符合桥梁设计要求。当日便举行了简短的武汉长江大桥交接仪式。武汉大桥工程局局长彭敏代表建设大桥的移交方，郑州铁路局副局长耿振林代表使用大桥的接收方在大桥交接书上签字。

1957年10月中旬，已经建成的武汉长江大桥在秋季的蓝天白云衬映下，显得格外宏伟壮观。10月15日，这一天注定是被历史和中国人民永远铭记的日子，这一天就是武汉长江大桥铁路桥和公路桥正式通车的日子。当天，国务院副总理李富春，中共中央政治局候补委员康生、陆定一，国家建委副主任王世泰，铁道部部长滕代远，交通部部长曾山，城市建设部部长万里，湖北省省长张体学，苏联运输工程部部长科热夫尼科夫，苏联经济总顾问阿尔希波夫等人出席了通车典礼，同时还有5万多名来自各界的群众前来观礼。当天11时20分，李富春副总理先为铁路桥通车剪彩，然后，由北京开往南宁、凭祥的19次旅客列车在人们的欢呼声中由一台ㄆㄒ（ㄆㄒ是汉字注音符号，汉语拼音为px，读作泼西）6型350号蒸汽机车牵引着隆隆驶过大桥，成为正式通过武汉长江大桥铁路桥的第一趟铁路旅客列车。当日中午12时，李富春副总理等人又为武汉长江大桥公路桥通车剪彩。由300多辆汽车组成的车队及文艺表演队伍浩浩荡荡，顺序通过了大桥公路桥。

△ 武汉长江大桥建成后第一趟旅客列车正式通过大桥铁路桥时的场景

△ 建成后的武汉长江大桥在秋季的蓝天白云衬映下显得格外宏伟壮观

△ 武汉长江大桥公路桥竣工通车时的盛况

武汉长江大桥

在庆祝武汉长江大桥建成通车当天，我国桥梁前辈李文骥先生的三女儿李慎求（又名李楚兴）作为武汉人民广播电台的播音员参加了武汉长江大桥通车典礼的现场实况直播报道。当现场直播结束后，李慎求却在大桥的一角默默地流下了眼泪。这泪水反映出李慎求当时复杂的心情，一是武汉长江大桥建成通车是祖国经济建设取得的伟大成就，激动的心情使她流下了热泪。二是此时此刻她也思念她的父亲李文骥。李文骥先生曾为规划、勘测、筹建武汉长江大桥付出了毕生的心血，但却未能目睹大桥建成通车的盛况。此时的李慎求缅怀先人思绪万千，又怎能不泪流满面呢。

通车典礼当晚，国务院副总理李富春代表周恩来总理向参加大桥建设的苏联专家组颁授了中国政府的感谢状，然后举行了庆祝武汉长江大桥通车招待宴会。首任铁道部部长滕代远在给西林等人颁发中国政府感谢状时说道："苏联政府派到我国的专家们，在工作中做出了卓越的贡献。在你们的参与和帮助下，我们成功地采用了大型管柱钻孔法……"苏联专家西林在参加了武汉长江大桥通车典礼和接受中国政府颁发的感谢状后感慨地说道："在建桥过程中形成了中国自己的桥梁建设队伍，他们全面掌握了复杂的桥梁建造技术，今后他们能够完成一切技术复杂的建筑工程……"事实也证明了西林所说的话。大桥建成后，这些有着丰富建桥实践经验的工程技术人员和工人又投入了祖国其他的桥梁建设事业。

与武汉长江大桥一并落成的还有武汉长江大桥纪念碑和大桥观景平台，它们与武汉长江大桥相互依偎、相得益彰，在大桥周边形成了特有的人文景观。武汉长江大桥纪念碑高6米，重20多吨，纪念碑南侧镌刻着毛泽东主席的著名词句"一桥飞架南北，天堑变通途"。纪念碑基座上部刻有《武汉长江大桥建桥记》，详细介绍了大桥的建设过程。大桥观景平台则是游人欣赏长江、观看武汉长江大桥的绝佳位置。

△ 矗立在武汉长江大桥引桥旁的大桥建成纪念碑

1957年10月15日的《人民日报》用头版1/4版面刊发了题为"伟大的理想实现了"的社评，社评旁边刊登的是李富春副总理参观长江大桥的照片。次日，《人民日报》又以整个头版报道了武汉长江大桥通车的盛况。头条标题是"火车飞驰过长江——千年理想成现实，万众欢腾庆通车"，并用几乎通栏的版面刊登了武汉长江大桥的全景照片。并刊登了"从北京开往凭祥的列车，在万人欢呼声中第一次驶过长江大桥"和"汽车队伍浩浩荡荡通过长江大桥公路桥面"两幅照片。

　　《人民日报》头版同时刊登"为表彰苏联专家对武汉长江大桥的创造性贡献，滕代远部长代表中华人民共和国铁道部向西林、格洛佐夫等9位苏联专家颁发了中华人民共和国中央人民政府的感谢状和纪念章"的消息和照片。同日，《大公报》也在头版刊登了"长江大桥正式通车"的新华社电讯和大桥通车时的照片。

　　为了纪念苏联专家对武

△ 1957年10月16日，《人民日报》头版以整版篇幅报道武汉长江大桥建成通车的盛况

第8章　万众齐欢庆大桥终建成，谱写桥梁建设的新篇章

△ 武汉长江大桥公路桥通车时的场景

汉长江大桥所做的贡献，赞颂中苏两国人民的友谊。在武汉长江大桥桥头的大桥纪念碑上，有用铜字铸成的28名当年援助武汉长江大桥建设的苏联专家的名字，其中第一位就是苏联专家组组长、桥梁专家西林。

苏联桥梁专家西林被称为中苏友谊架桥人，在武汉长江大桥建造工程结束后，他于1957年11月9日返回苏联。回到苏联后，由于西林出色的工作业绩及他在中国建造武汉长江大桥桥墩基础施工时创新地采用了钢筋混凝土管柱钻孔法，先后获得"苏联社会主义劳动英雄""俄罗斯社会主义加盟共和国发明家""列宁勋章"等荣誉。

西林一生参与过近400座桥梁的抢修、设计和建造。但武汉长江大桥一直是他最为骄傲、最为珍视的一座大型桥梁。他曾多次表

△ 武汉长江大桥建成后，铁道部部长滕代远（左2）向西林（右2）等苏联专家颁授中国政府感谢状

△ 1957年10月16日，《大公报》刊登武汉长江大桥正式通车的新华社电讯

第8章 万众齐欢庆大桥终建成，谱写桥梁建设的新篇章

△ 苏联桥梁专家西林（右2）与我国桥梁专家唐寰澄（左3）在武汉长江大桥建设工地

△ 苏联桥梁专家西林（左1）与中国工程技术人员在武汉长江大桥施工现场讨论技术问题

示,武汉长江大桥不仅仅是一座大桥,更是中苏两国人民友谊的象征。他常对别人说,武汉长江大桥是他的"铁儿子"。返回苏联后的西林又先后于 1959 年、1980 年、1983 年、1993 年四次到访中国。每次到中国来,他都要到武汉去看看他倾注了心血的武汉长江大桥,他的这个"铁儿子"。1993 年 5 月是西林生前最后一次到中国访问,当年已经 80 岁的西林再一次来到武汉,又一次看到武汉长江大桥时,他无限感慨地说道:"武汉长江大桥的设计是一流的,施工是一流的,养护也是一流的,由于你们的养护,这座大桥至少可以延长寿命 100 年。"

1996 年 2 月 5 日,西林因病在莫斯科逝世,享年 83 岁。他的家人把他安葬在莫斯科卡涅特尼科夫墓园中,在他的黑色花岗岩墓碑正面是西林的肖像,墓碑背面按照西林的遗愿,刻上了武汉长江大桥的形象。《人民日报》也为西林的逝世发表了纪念文章,以缅怀这位为中国的桥梁建设做出过重要贡献的苏联朋友。

毛泽东主席和周恩来总理都对苏联专家西林在武汉长江大桥建设中的贡献给予过高度评价。

1958 年 7 月 20 日,毛主席在同苏联驻中国大使尤金等人谈话时高度赞扬了西林。毛主席说:"在长江大桥工作过的西林专家,是一个好同志,一切工作他都亲自参加,工作方法很好,凡事都和中国同志一起做,大桥建好了,中国同志学会了很多东西……你们当中谁认识他,请代我向他问候。"毛泽东主席如此看待和评价一位外国专家实属罕见。

1971年6月5日,周恩来总理陪同罗马尼亚代表团参观南京长江大桥时曾说:"(南京)长江大桥的建设是发展了武汉大桥建设的经验。武汉大桥所用的管柱钻孔法,是苏联专家西林设计的,苏联没有采用,我们在武汉采用了,南京也用了,而且有发展。对我国的大桥建设,西林是有功劳的。武汉大桥给管柱钻孔法立了一个碑,我看南京大桥可以挂上西林的照片。"

中华人民共和国成立之初,中央人民政府就决定在长江上建造这座铁路公路两用特大桥,这对成立不久且百废待兴的中国说来,无疑是重大考验。实践证明,年轻的中华人民共和国经受住了这次考验,向全国人民交上了满意的答卷。武汉长江大桥的建成通车,使被滔滔长江水阻隔了几十年之久、需要靠长江轮渡连接的京汉铁路和粤汉铁路得以全线贯通。1957年11月11日,中华人民共和国铁道部将全线南北联通后的铁路改称京广铁路,从此,这条铁路成为连接中国大江南北广大地区的钢铁大动脉。有人在大桥建成后称颂道:一桥融天际,龟蛇守桥头,舟车穿梭过,吟诵大江流,桥旁几仰望,沙鸥竞自由。

中华人民共和国首任铁道部部长滕代远在1958年出版的《武汉长江大桥(技术总结)》的扉页上写道:"我们自力更生,独立自主,战胜困难。中国人民有志气,有能力,一定在不远的将来,赶上和超过世界先进水平。我们不能走世界各国技术发展的老路,跟在别人后面一步一步地爬行，我们必须打破常规，尽量采用先进技术。人类总得不断地总结经验，有所发现，有所发明，有所创造，有所前进。我们坚决地贯彻执行伟大领袖毛主席的教导，依靠工人阶级，相信群众，依靠群众，所以首先创立了世界桥梁史上管柱钻孔法，使修建武汉长江大桥的时间缩短了两年，基础投资节省了40%以上。"滕代远对武汉长江大桥的评价，体现出中华人民共和国首任铁道部部长对武汉长江大桥从规划筹建、勘测设计、建设施工等各阶段倾注的心血和所做的努力。

中国铁道博物馆收藏的这部《武汉长江大桥（技术总结）》分为6个篇章，它详细记述了武汉长江大桥的筹划规划、桥址选择、

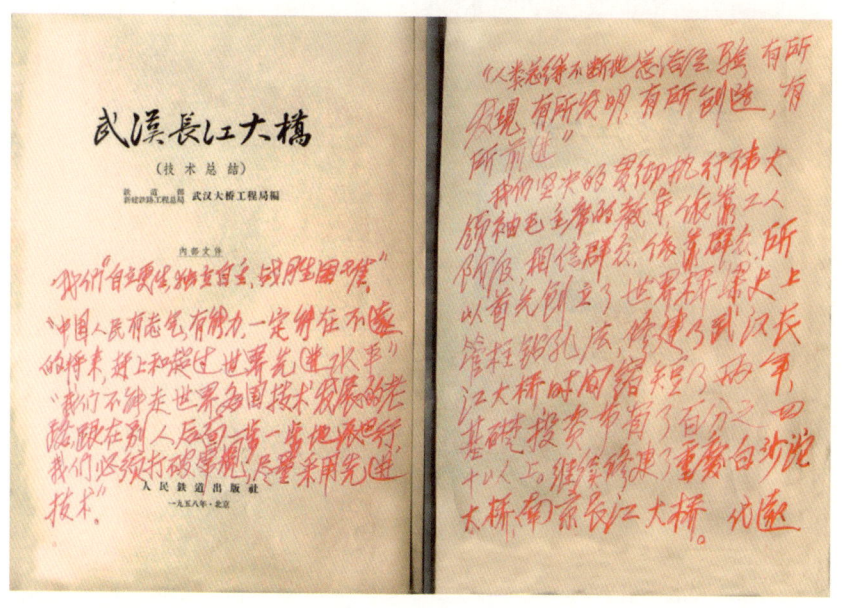

△ 滕代远部长在《武汉长江大桥（技术总结）》扉页上所写文字

第8章　万众齐欢庆大桥终建成，谱写桥梁建设的新篇章

勘测设计、桥式确定、施工准备、桥墩及引桥施工、钢梁制造及架设、检查验收、技术评价等方面的内容。是武汉长江大桥建设的真实记录，对桥梁建造工程技术具有很高的价值。通过这部《武汉长江大桥（技术总结）》，人们可以了解到，千百年来由于长江及汉江的阻隔，武汉三镇相互分隔，京汉铁路和粤汉铁路不能连通，由此给大江南北的人员交往、交通运输、物资流通等造成了许多不便。只有在武汉长江大桥建成后，这种不便的情况才得以改变。这部《武汉长江大桥（技术总结）》对大桥建设过程作了详细记述和全面技术总结，它具有重要的史料价值和见证作用。而且这部《武汉长江大桥（技术总结）》上还有首任铁道部部长滕代远书写的对武汉长江大桥的评价。正因如此，在2013年中国铁道博物馆馆藏文物等级鉴定中，它被确定为国家一级文物。而且，从《武汉长江大桥（技术总结）》出版的历史年代、所记载的内容等方面看，将来它也有可能

△ 中国铁道博物馆收藏的国家一级文物《武汉长江大桥（技术总结）》封面

成为"中国档案文献遗产"。因为，从首批"中国档案文献遗产"名单可以看出，有重要的铁路及桥梁方面的文献档案。如清代的《京张路工摄影》《汤寿潜与保路运动》，民国时期的《钱塘江桥工程档案》《抗战时期华侨机工支援抗战运输档案》等。其中，京张铁路（南口—八达岭段）和钱塘江大桥都已经成为全国重点文物保护单位。因此，这部《武汉长江大桥（技术总结）》成为"中国档案文献遗产"指日可待。

红色
工业

第 9 章
CHAPTER NINE

为祖国建桥而付出毕生，后世应记住他们的名字

当我们讲述武汉长江大桥故事的时候,有一些与长江大桥筹划、设计、建设有关的重要历史人物不应被后世忘记,他们是李文骥、梅旸春、汪菊潜、茅以升、唐寰澄……

李文骥是在中华人民共和国成立前夕就率先向即将成立的中央人民政府提交《筹建武汉纪念桥建议书》的桥梁前辈。梅旸春是第一位向中央人民政府递交《武汉长江大桥计划草案》的桥梁专家。汪菊潜是中华人民共和国桥梁技术的开拓者和奠基人之一。茅以升是中国桥梁界杰出的代表人物，他曾与另一位桥梁前辈罗英设计了中国第一座铁路、公路两用桥——钱塘江大桥，又参与并主持了武汉长江大桥的建设，任大桥技术顾问委员会主任委员。唐寰澄是中国最早关注桥梁美学的人，他设计的武汉长江大桥美术造型设计方案得到了周总理的认可和好评。李文骥、梅旸春等人是与茅以升、罗英等齐名的中国桥梁界先驱。现在就把这几位与武汉长江大桥规划、设计、建设、施工有关的专家介绍给大家。

　　李文骥，字仲扶，广东省番禺县钟村人，是中国桥梁界的先驱。1909年进入京师大学堂（今北京大学）工科土木门（系）学习，1913年春大学毕业，他是中国大学培养的第一代土木工程高级人才。毕业后，他先后在汉粤川铁路督办署、广三铁路、国民政府铁道部等处工作。1948年，李文骥在他所写的《武汉大桥计划之历史》中说过："武汉跨江桥之议始于民国元年，詹天佑任汉粤川路会办时，粤汉铁路湘鄂段总工程司格林曾作一草图，用悬臂钢桁梁3孔全跨江面，江中桥墩只有两座……"李文骥在文中指出了当年建桥筹划的时间、方案和作者的姓名，说明他对建桥历史了解深入。

1949年冬，开国大典举行后不久，李文骥接到中央人民政府铁道部的调令，调他到北京参加武汉长江大桥的筹建工作。李文骥结束了在杭州的工作只身前往北京，当时他已63岁。1950年1月，铁道部成立了桥梁委员会，李文骥成为委员之一。1950年3月，武汉长江大桥测量钻探队成立，他的老同事梅旸春担任队长。李文骥随即赶赴武汉参加大桥的实地勘测，这已经是他第五次与武汉长江大桥的兴建结缘。李文骥当年曾作七律诗一首，以表达当时的激动心情。这首七律诗题为"新程"，现将这首诗记录如下："喜接诏书赴上京，奋蹄老骥事新程。精心测点龟蛇岭，素志终酬时势更。大业运筹同故旧，通途利济到庶氓。金桥指日屹江汉，际会风云无限情。"

1951年4月，李文骥因糖尿病引发的并发症住院治疗，这在当时的医疗技术水平下，是较难治愈的疾病。李文骥最终没能亲眼看着武汉长江大桥建成通车。临终时，他已口不能言，便用颤抖的手艰难地写下难以辨识的五个字

△ 我国桥梁前辈李文骥像

"骥，武汉大桥"，随即抱憾而终，享年65岁。

李文骥逝世后，在人们悼念他的挽联中，有一副中肯地概括了他不平凡的造桥生涯。这副挽联写道："鞠躬尽瘁，唯冀金桥跨夏口；踌躇满志，长留伟业在钱塘。"

2007年10月，即武汉长江大桥建成通车50周年之际，曾与李文骥共事的，已成为我国现代著名桥梁专家的唐寰澄回忆道："李文骥先生比我长40岁，我们一老一少都进了大桥勘察测量队，经常一起讨论桥梁设计方案。李文骥先生给我讲长江桥勘测的历史情况，告诉我很多历史上桥梁设计建造的方案资料。李先生为武汉长江大桥的建设奋斗了38年，几经磨难，功不可没。却未能目睹其成，但他所做的一切，为大桥高速、优质地建成打下了基础……"

梅旸春，谱名炳沣，字秀珊，江西南昌县朱姑桥梅村人。1917年，梅旸春中学毕业后考入清华学堂土木系，后入电机系加读两年，1923年毕业，派赴美国留学深造，进入美国普渡大学机械系学习，并获硕士学位。他的志愿在桥梁事业，并于1925年进入美国费城桥梁公司工作，他工作勤奋且成绩斐然。梅旸春以自己的业绩树立了中国的伟大形象。1928年，他返回祖国，在南昌工业专门学校任教。1940年，梅旸春转任湘桂铁路（衡阳—凭祥）桂南工程局正工程司，担负着抢通湘桂铁路的使命，而修通湘桂铁路的关键工程为柳江大桥。因建造柳江大桥向国外厂商订购的

第9章 为祖国建桥而付出毕生，后世应记住他们的名字　159

钢梁无法运进,湘桂铁路沿线堆满了从浙赣等铁路线撤下来的旧钢轨和长短不一的旧钢板梁,梅旸春动议利用这些材料修建新桥。这一具体任务落在了梅旸春领导的设计室上。他以扎实的基本功夫,动用巧思、摆脱常规思路,创设出新的结构布局和细节。柳江大桥的设计是在一节空车厢里完成的,白天为躲避侵华日军的轰炸,就把火车车厢拉到离城市较远的地段,晚上再拉回来。在这样艰苦的工作环境中,中国工程师以卓越的创造才能完成了设计任务。由于柳江大桥的结构新颖轻巧,火车司机望而生畏,为此,湘桂铁路工程局副局长、原钱塘江桥总工程司罗英与梅旸春跟随机车一起过桥,证明桥梁是安全稳固的。1950 年,武汉长江大桥设计组组建,工作地点在北京,梅旸春作为设计组的一员,奔走在两地间进行指导。他根据当年同茅以升拟定的武汉长江大桥设计方案,绘制了 5 孔拱桁伸臂梁方案,桥下净空为 33 米。当时由于牵涉多方面的因素,又受到国际形势影响及国家财力、物力和技术条件的限制,最后用的是由苏联供应的低碳钢材料和苏联专家经过技术指导的设计方案,即现在所建的 9 孔 128 米平弦双层钢桁架桥,桥下净空 28 米。

  梅旸春毕生转战于全国的大江大河之上搭建桥梁,成为卓越的桥梁专家。他参与过钱塘江大桥、武汉长江大桥、澜沧江大桥、南京长江大桥等桥梁的建造。他在南京长江大桥建设中所做的贡献更是显著,为后人所称道。在南京长江大桥建设期间,已年逾花甲且有恙在身的梅旸春抱病执杖而行，坚持在建桥工地工作。1962年5月12日，因突发大面积脑出血，他倒在了南京长江大桥建设工地与世长辞，享年62岁。梅旸春逝世后，曾经和他长期共事的另一位桥梁专家唐寰澄，在撰写的纪念梅旸春的文章中这样评价他："他逝于尚未完工的、正在战斗的南京长江大桥工地一侧。他鞠躬尽瘁，把自己的光和热发挥到生命的最后一刻，值得我们永远怀念和敬仰。"

△ 我国桥梁专家梅旸春像

汪菊潜出生在上海，我国铁路桥梁工程专家，中国科学院学部委员，曾任中华人民共和国铁道部副部长、总工程师、研究员。他1926年毕业于唐山交通大学，1927年被交通部派往美国留学，1928年获美国康奈尔大学土木工程硕士学位。之后在美国桥梁公司实习，担任设计员，1930年回国，到铁道部工作并主持建造南京火车轮渡北岸栈桥工程。1934年，他被调到粤汉铁路工程局第四工程总段，参与修建粤汉铁路株韶段工程，并担任分段长、副工程司。1936年调任铁道部工务司。1937年抗日战争爆发后，他先后在云南滇缅铁路工程局、叙昆铁路工程局、四川綦江铁路工程处工作，历任技正、工务课长、正工程司、处副总工程司、副处长等职，1944—1946年担任中国桥梁公司副总工程师。1946年

第9章　为祖国建桥而付出毕生，后世应记住他们的名字

从美国考察铁路情况一年后回国，仍在中国桥梁公司工作，并担任中国桥梁公司上海分公司经理兼总工程司。1949—1950 年担任上海铁路局工务处处长；1950—1954 年担任铁道部工程总局副局长；1954—1958 年担任铁道部大桥工程局总工程师；1955 年当选中国科学院学部委员（院士）；1958—1959 年担任铁道部科学技术会议副主席、委员会副主任；1959—1975 年担任铁道部副部长；1960 年主持全国铁路新线建设工作；1975 年 2 月 26 日在北京病逝，享年 69 岁。

  1954 年，汪菊潜担任武汉长江大桥工程局总工程师，他与武汉大桥局的领导每周都要到武汉长江大桥工地巡视一天，及时了解工程进展情况并发现问题，第二天召开全局调度会，及时准确地处理所发现的问题。出于高度的责任感，他规定每张设计图纸必须经他过目，即使出图的时候他在外面出差，事后也要把图纸补送到他的办公室。他是中国工程师中对武汉长江大桥工程的详情和发展了解得最全面、最深刻的人，被称为桥梁界、工程界少有的全才。汪菊潜一生先后参与了修复钱塘江大桥，指挥抢修被洪水冲毁的黄河铁路大桥，主持修建武汉长江大桥，主持新线铁路建设工作，他还参与了南京

△ 我国桥梁专家汪菊潜像

长江大桥、人民大会堂等的建设。为中国的铁路和桥梁事业贡献了毕生的心血。汪菊潜是中华人民共和国桥梁技术的开拓者、奠基人之一，为我国铁路建设、桥梁建设、人民大会堂建造、第一颗原子弹爆炸固定装置结构安全、培养桥梁建设人才等做出了重要贡献。2013年11月，为纪念汪菊潜为武汉长江大桥建设所做的贡献，他的铜像在武汉市汉阳区的中铁大桥局机关广场上落成。

茅以升，字唐臣，江苏镇江人。我国土木工程学家、桥梁专家、工程教育家、科普作家，中国科学院院士、美国工程院院士。茅以升1916年毕业于交通部唐山工业专门学校（今西南交通大学），1917年获美国康奈尔大学硕士学位，1919年获美国卡耐基理工学院博士学位。留学回国后历任交通大学唐山工学院教授、国立东南大学（1928年更名为国立中央大学）教授、国立河海工科大学校长、交通部唐山大学校长、北洋工学院院长、江苏省水利厅厅长、钱塘江大桥工程处处长、交通大学唐山工学院代院长和院长、中国桥梁公司总经理、北洋大学校长、北方交通大学（今北京交通大学）校长、铁道科学研究院院长等职。1955年选聘为中国科学院学部委员（院士）。1983年6月17日在中国人民政治协商会议第六届全国委员会第一次会议上当选全国政协副主席。

茅以升曾主持中国铁道科学研究院工作30多年，为铁道科学技术进步做出了卓越的贡献。他积极倡导土力学学科在工程中的应用，是土力学学科的开拓者。茅以升的工程伦理思想是以工程爱国思想为根基的，这是为了改造腐朽、落后的旧政权赋予他的强大动力。这种以人为本的思想是茅以升工程伦理思想的核心，是他处理工程工作中各种复杂关系最基本的伦理原则。而以工程爱国思想为根基，以人为本思想为核心的茅以升工程伦理思想有着丰富的内涵，主要包括工程社会责任伦理、工程自然责任伦理和工程职业责任伦理几方面。这些受到工程技术界的普遍赞誉。

20世纪30年代，茅以升主持设计建造了中国人自己设计修建的第一座现代化大型桥梁——钱塘江大桥，成为中国铁路桥梁史上的里程碑。中华人民共和国成立后，他又参与设计了武汉长江大桥。1955—1957年，他主持设计了武汉长江大桥，并担任武汉长江大桥技术顾问委员会主任委员。我国著名科学家周培源在所编写的《桥梁专家茅以升》中曾这样评价茅以升："茅以升对我国科技事业的贡献是多方面的。他为中国科学普及事业乃至科技馆、科技报建设等方面做出的重大贡献，并不为更多人所熟知。"茅以升在《桥梁远景图》中描绘了各种各样的桥梁，毛泽东主席曾称赞他："不仅是科学家，还是个文学家。"2006年，我国集邮总公司发行的第四套《中国现代科学家》（一套四枚）邮票中第二枚的画面就是"茅以升"。

茅以升一生学习桥梁、设计桥梁、建造桥梁、写作桥梁。他在中外报刊发表的文章超过200篇。他主持编写和撰写了《中国古桥技术史》《桥梁第二应力》《中国桥梁史》《中国的古桥和新桥》《桥梁史话》《钱塘江大桥》《武汉长江大桥》《中国桥梁——古桥和今桥》《桥梁远景图》等有关桥梁的学术著作和科普著作。为中国的桥梁建设事业贡献了毕生的心血。1989年11月12日，茅以升在北京因病逝世，享年93岁。

唐寰澄是江苏金山朱泾镇人。1948年毕业于上海国立交通大学土木工程系，毕业后进入中国桥梁公司武汉分公司工作。他参与了武汉长江大桥的初步方案设计及深水基础结构的设计，是中国现代著名的桥梁专家。

唐寰澄是中华人民共和国最早关注桥梁美学的人。他将桥梁美学上升到哲学的高度，运用辩证唯物主义理论，提出了桥梁美学法则。倡导在建造桥梁时注重桥梁的和谐美。讲求在造桥时的比例、时尚、对称和韵律。他在其编著的《桥》中谈到桥梁建筑艺术时指出："桥是实用的建筑物，但只是实用并不一定是美的。实用艺术是对人类所生活的物质环境进行艺术加工。由谁来进行加工？是由自始至终参加建设、熟悉桥梁本身的结构工程师，还是确定了桥梁轮廓之后，由建筑师进行加工？这也是一个争论不休的问题。从来技术和艺术是不分家的。在古代希腊语中，没有艺术这个单词，只有技艺一词，既指艺术，又指工艺。我国隋代的赵州桥的建设者，既建造如此卓越的技术和艺术造型的桥梁（赵州桥），又雕刻出极为生动的栏板形象。国外也是如此，15世纪法国的勃罗纳莱希是建筑师、雕刻师和工程师。17—18世纪，

△ 我国桥梁专家唐寰澄像

差不多科学家和艺术家是集中在一身的。达·芬奇*便是一个例子。自18世纪开始，工程师变为一个特殊的专门职业。自然科学的大量发展开始了大量特殊化的分工，逐渐建立起来的这门科学内容非常丰富与复杂，因之工程师就被忽略了建筑艺术的研究。19世纪初期，在西方创立了建筑艺术学校。这样的分工方法，逐渐使艺术和一般生产实践相隔离。在19世纪的前10年中便已经提出了建筑师和工程师的关系问题。"这段话透彻地分析了桥梁技术与桥梁艺术之间的辩证关系，并指出二者应该是结合的、取长补短的，而不是孤立的、单独处理的。

他还多次说过：要求每座桥梁不雷同，也是技术上进步的必然趋势。一座桥的建成，总有可以值得改进的地方，每个建桥地点，也必然有其特殊的地质、地形等条件。多样的桥梁既合乎功能上的要求，也合乎美学上多样性统一的规律。

---

* 达·芬奇，全名列奥纳多·达·芬奇，意大利著名画家，意大利文艺复兴时期著名艺术家、工程师、科学家。他在绘画、雕塑、建筑、科学、音乐、数学、工程、文学、解剖学、地质学、天文学、植物学、古生物学和制图学等领域都有极高的造诣和成就。在建筑学方面，达·芬奇也展现出了卓越的才华，他设计过桥梁、教堂、城市街道和城市建筑，都为后人所称道。

在桥墩设计和建造上,他指出:桥墩的结构形式千变万化、别出心裁。国外乐于采用钢筋混凝土结构,不合于习惯上小下大的实体桥墩的人的思想。也许有人会认为这是标新立异。可是如果在减轻桥墩墩身的重量,改进结构,提高技术的基础上取得建筑物的多样性,这种"新"和"异"又有什么坏处呢?他认为,美学上的黄金比例关系,是符合美学中多样性统一的原则的。并把这一原则应用在了桥梁的设计和建设中。

2014年9月4日,唐寰澄因病在武汉第四医院逝世,享年88岁。他去世后,《长江日报》曾用一个整版的篇幅刊载了多篇纪念文章,这些纪念文章几乎记录了唐寰澄一生为中国桥梁事业做出的贡献。

△ 设计武汉长江大桥桥头堡和引桥时唐寰澄与他的大桥设计图纸合影　△ 带有唐寰澄签名的武汉长江大桥引桥拱形设计手绘草图

△ 采用唐寰澄的拱形设计方案后建造的武汉长江大桥引桥

这里我们列举一些纪念唐寰澄的文章标题："他的作品让梁思成刮目相看——长江大桥桥头堡设计师唐寰澄逝世""他设计了中国最美的桥头堡""永远铭记了不起的唐寰澄""他一辈子惦记那些桥"等。2018年11月，为纪念唐寰澄对中国桥梁事业所做的贡献，上海市金山区档案局（馆）编辑了《唐寰澄文集》（二卷本）。2020年1月5日，《新民晚报》在第20版用一个整版的篇幅刊登了题为"唐寰澄：从上海金山出发去造桥"的特稿，介绍了唐寰澄为设计、建造桥梁不平凡的一生。

唐寰澄把他的毕生奉献给了中国的桥梁建设事业，真正做到了此生付桥终不悔。他是继李文骥、梅旸春、汪菊潜、茅以升、罗英等我国著名桥梁专家之后，又一位值得人们敬仰和怀念的桥梁界大师。1957年，文物出版社出版了他的第一部著作《中国古代桥梁》。此书出版后的30年，他不断对书中的内容加以充实完善。在1987年又出版了经他补充了内容的《中国古代桥梁》。到

△ 唐寰澄与建成的武汉长江大桥合影

2011年又出版了再补充版。这反映了唐寰澄对中国古代桥梁的探索和研究是持续不断的。

唐寰澄一生主编、撰写了《桥》《中国石拱桥研究》《中国木拱桥》《桥梁建筑艺术》《世界桥梁美学》《桥梁工程》《世界桥梁趣谈》《中国桥梁技术史》《桥梁美的哲学》《中国古代桥梁》（含中英文对照本）等著作。他在桥梁建筑方面和桥梁美学方面的建树和成就，国内尚无出其右者。

以上提到的5位桥梁专家皆为中国的桥梁建设事业和筹建武汉长江大桥献计献策、呕心沥血、贡献才华。他们所具有的工匠精神和建桥过程中的事迹将永载史册，永远为后人所敬仰。

2017年10月15日是武汉长江大桥建成通车60周年的纪念日。为此，《桥梁建设报》刊发了一篇题为"共度一甲子，相看两不厌"的专文，采访、介绍了6位武汉长江大桥的建设者。现将该专文中的一段文字摘录如下："一座伟大的城市，必有一个伟大的建筑。一个伟大的建筑，必然离不开它的建设者。倚栏回首，那些曾经风华正茂、满怀热情的武汉长江大桥的建设者们，如今都已白发苍苍，成为耄耋老人。他们的一生注定与这座伟大的大桥结下不解之缘。历经那个难忘的年代，他们与这座桥共度一甲子的风雨，他们与大桥永远相看两不厌。回首过去，在那个物资匮乏、工业基础薄弱的年代，建设者们能够完成这样一个时代奇迹，靠的是无私无畏的奉献精神，不怕吃苦的拼搏精神，以及敢于运用新技术、研发新设备的创新精神。从武汉长江大桥起步，随着桥梁建设步伐的不断加快，当时的技术和设备早已成为厚重的历史，但伴随着大桥建设而诞生的建桥精神，却历久弥新，激励着后来的桥梁人。"

该专文采访、介绍的6位武汉长江大桥建设者是孙春初、钱学新、赵煜澄、刘长元、邵克华和邹立中。

孙春初在抗日战争期间参加过滇缅公路的建设，中华人民共和国成立后赴朝鲜，在抗美援朝战争中抢修铁路。1953年3月，由衡阳铁路局调入武汉大桥工程局，历任武汉大桥局劳资科工程师、机械科工程师、武汉大桥局机械经租站首任站长、武汉大桥局五处修造厂主管工程师和机械科科长。他是武汉大桥工程局首批高级工程师。

钱学新1946年从厦门大学机电工程系毕业后到粤汉铁路工作，后调入武汉大桥工程局工作。曾任武汉大桥工程局副总工程师。在武汉长江大桥建设期间，他与其他技术人员设计制造了ВП-3型、ВП-5型和中160型等系列震动打桩机，уКС-31型、уКС-32型冲击式钻机，有力地保障了大桥施工的顺利进行。武汉长江大桥建成后，他又主持了为南京长江大桥、九江长江大桥及郑州黄河大桥等工程建设所需的设备的研发制造。他主持参与的多项机械制造工程先后获得国家科学技术进步奖特等奖及国家科学技术发明奖。

赵煜澄在上海交通大学学习期间，和后来成为桥梁专家的唐寰澄是同学。从上海交通大学同学合影照片可以看出，当年刚毕业的赵煜澄、唐寰澄等都是风华正茂的青年才俊，他们为国家的桥梁建设事业贡献自己的智慧和力量。1950年，赵煜澄从上海交通大学毕业，进入铁道部工作，后调入武汉大桥工程局工作。曾任武汉大桥工程局副总工程师、高级技术顾问。1953年加入了武汉长江大桥的6人设计小组，对大桥进行初步设计。他还是中国派出的赴苏联桥梁鉴定代表团的成员之一，并于1955年赴苏联实习一年。在武汉长江大桥建设期间，他作为工程师，担负着正桥钢梁安装、拼接的组织工作，

△ 刚从上海交通大学毕业的赵煜澄（后排右1）与唐寰澄（前排右1）等上海交大同学的合影

第9章 为祖国建桥而付出毕生，后世应记住他们的名字　171

当时大桥建设工地上的赵煜澄，无论刮风下雨都手拿扳手和游标卡尺，认真地检查钢梁的铆合情况和其他构件的安装情况。武汉长江大桥建成后，他又参与和主持了郑州黄河铁路新桥、越南河内市红河铁路浮桥及九江长江大桥等桥梁的施工技术工作。曾获得武汉市青年红旗设计组组长、青年突击手等称号，1959年获全国劳动模范称号。

刘长元，1955年从中南土木建筑学院桥梁与隧道工程系毕业后，进入武汉大桥工程局工作，曾任武汉大桥工程局副总工程师、教授级高级工程师。在武汉长江大桥施工期间，他参与了6号、7号、8号桥墩钢板桩围堰施工及公路桥面Ⅱ型梁架设，后又领导参与了南京长江大桥、枝城长江大桥及武汉长江二桥等桥梁的施工技术工作。1992年被评为湖北省劳动模范，还获得了武汉市"五一劳动奖章"。

邵克华，1955年从上海同济大学道桥系桥梁与隧道专业毕业后，进入武汉大桥工程局工作。曾任武汉大桥工程局总工程师、教授级高级工程师。武汉长江大桥建设期间，他主要负责桥梁的设计制图等工作。武汉长江大桥建成后，他又参与了宜宾金沙江大桥、杭州钱塘江二桥及武汉长江二桥的建设施工技术工作。2004年获茅以升桥梁大奖。

邹立中从武汉大学俄语系毕业后被安排到武汉长江大桥工地实习，担任苏联专家的翻译。在实习的4个月里，他主要是跟着老师为专家组组长西林做翻译，实习转正后专门负责为苏联专家苏沃洛夫做翻译。武汉长江大桥建设期间，邹立中对桥梁建设产生了浓厚的兴趣。武汉长江大桥建成后，他选择到桥梁学院攻读桥梁专业，从此一生与桥梁结缘。

  这几位武汉长江大桥的建设者，有的是武汉大桥工程局的总工程师、副总工程师，有的是苏联专家的专业翻译。虽然他们没有很高的官职、没有大的头衔、没有显赫的声望、没有众多的著述，但他们在各自的工作岗位上，为建设武汉长江大桥倾注了自己的智慧和力量，同样创造了不平凡的业绩，同样值得后人尊敬和赞扬。当然，参与武汉长江大桥设计建造的远不止本书介绍的这11位，还有许许多多的武汉长江大桥的建设者，他们为中华人民共和国社会主义建设和长江大桥的建造所付出的辛劳与智慧，同样光芒闪耀。一代大国工匠，中华人民共和国不会忘记，后世也会永远铭记。

△ 2017年10月15日，《桥梁建设报》介绍的6位武汉长江大桥建设者之一赵煜澄（右）在武汉长江大桥建设工地的留影

红色工业

第 10 章
CHAPTER TEN

天际线那边的一抹彩虹，叹服大桥上的美学艺术

武汉长江大桥不是普通意义上的一座桥梁，它除了具有重要的交通功能，更是武汉这座城市的地标性建筑。武汉长江大桥桥头堡借鉴了古代黄鹤楼攒尖顶亭式的建筑风格，展现了中国传统建筑的朴素之美，它不仅以现代化的技术解决了国家的大经济课题，而且以雄伟壮丽的外观，标志了中国的新时代。

中央人民政府政务院在 1953 年 4 月分析研究了武汉长江大桥初步设计文件，特别强调："修建的长江大桥，应当成为一个卓越的建筑，它不但应以现代化的技术解决国家巨大的经济课题，而且在建筑技术上，还应以雄伟壮丽的外观，标志出中国的新时代。"因此，1954 年 1 月，中央人民政府政务院向全国各建筑设计院及大专院校建筑系广泛征求武汉长江大桥的美术设计方案。1955 年 2 月，中央人民政府邀请国内知名的建筑、艺术、美术、城市规划、园林园艺、桥梁等方面的学者专家对已征集到的长江大桥美术设计方案进行评选，方案初步评选结果出来后，又把这一结果呈报国务院审核。

周恩来总理查看了选出的众多长江大桥美术设计方案。他挑中的既不是第 1 号方案也不是第 2 号方案，而是第 25 号方案。这个设计方案是由大学毕业后到中国桥梁公司汉口分公司工作，后又在武汉大桥工程局设计事务所做美术设计事务工作的，当时年龄不到 30 岁的青年结构工程师唐寰澄设计的。周恩来总理很看好这个年轻人设计的方案，这一方案最大的亮点是充分考虑了武汉长江大桥的构造，实现了桥头堡的建筑结构与大桥自身结构的统一、协调，设计与结构和谐共生。唐寰澄设计的这个方案还兼顾经济上的合理性及施工技术上的可行性，造价也相对较低。当年，这一方案中选理由的文字表述是这样的："第 25 号方案是以经济的方案而被采用。它的引桥段的拱形外貌与正桥菱格形结构遥相对应，除去正面的拱形外，没有其他多余的装饰……它没有高塔，桥台的尺寸也很经济，桥头堡朴素的亭屋，可以做成具有民族特色的形式，底层可以成为登桥的楼梯或电梯的出入口。"事实也确实如此，在武汉长江大桥的每个桥头堡底部都设计安装了电梯和楼梯，人们可乘电梯或登上楼梯到武汉长江大桥的观景桥台，尽情欣赏大桥周边的风景。在桥头堡大厅里还有反映武汉长江大桥建设者们施工作业场面的精美雕塑。

△ 武汉长江大桥桥头堡的贵宾室和电梯出入口

一座桥梁，特别是雄伟壮观的桥梁，可以成为一座城市或一个地区的地标，而桥的象征意义，在东西方文化中又是难得的一致。它象征着一个国家和一国的人民战胜艰难险阻、便利社会交通所取得的成绩。

大型或超大型桥梁除正桥外，还建有桥梁附属建筑，主要包括桥头堡、桥头雕塑、桥头公园、收费站等。人们对桥梁附属建筑的功能与美学价值的认知也是逐渐加深的。当年被周恩来总理亲点的第25号桥梁美术设计方案的设计者唐寰澄，在他1981年初编著的《桥》中提到当年他参加武汉长江大桥建筑艺术设计方案评选时说道："武汉长江大桥的桥头堡和引桥曾向全国征求方案，总的原则是经济、实用、可能条件下尽量美观。"他又说：

△ 武汉长江大桥桥头堡内的建桥工人施工场景雕塑

第10章 天际线那边的一抹彩虹，叹服大桥上的美学艺术　179

"正桥的形式已经确定,则引桥和桥头堡等其他结构需和正桥相匹配。桥头堡的美术建筑物即应协调地、合乎比例地把桥渡的钢梁和两岸陆地以及引桥互相联系起来。因此,桥头堡是一个孕育在和谐形态中的整体建筑物,它艺术上的功能是联系和分界。它又存在着联系武昌和汉阳两岸沿江大道上下桥的通道功能。"唐寰澄在他编著的《桥》中提到当年的桥梁艺术设计时说:"应征方案真是琳琅满目,除极个别的方案外,很多都是在艺术性上和表现力上极为高超的作品。"

最终所采用的武汉长江大桥美术设计方案就是现在人们看到的唐寰澄设计的武汉长江大桥的建筑艺术形式,即正桥的两端是具有中国民族风格的重檐四方八角的四个桥头堡堡亭,四个桥头堡均高35米,从底层大厅到顶层亭台共7层,底层有电梯和楼梯可直通上层公路桥面。附属建筑和各种装饰均协调精美,使整座大桥雄伟壮丽。唐寰澄设计的武汉长江大桥桥头堡借鉴了古代黄鹤楼攒尖顶

△ 雄伟壮观的武汉长江大桥桥头堡外观

亭式的建筑风格，展现了中国传统建筑的朴素之美。就连著名建筑学家梁思成当年在清华大学对他的学生都说："这次方案（武汉长江大桥美术设计方案），我们建筑界败于一位年轻的结构工程师之手，这在建筑思想上是值得进行检讨的……"由此可见，梁思成对唐寰澄的设计思想和设计理念是持认同态度的。

1954年1月，中央人民政府在"关于修建武汉长江大桥的决定"中特别指出，武汉长江大桥的美术设计，要配合大桥本身雄伟建筑及武汉都市建筑。并责成铁道部设置奖金，广泛征求国内美术建筑方面专家的优秀作品，呈送中央最终审定。1954年年底，铁道部已经征集到全国20多家设计单位和苏联专家的设计方案共计25套。1955年2月，包括茅以升、梁思成在内的由中国著名的桥梁、建筑、美术、园艺、城市规划方面的专家组成评委会，在汉口滨江饭店的一间会议室里将这25套武汉长江大桥美术设计方案按一等、二等、三等奖设立奖项，进行了初步评选。其中，唐寰澄设计的方案被评为三等奖，奖金约1800元。评奖后，参评的所有武汉长江大桥美术设计方

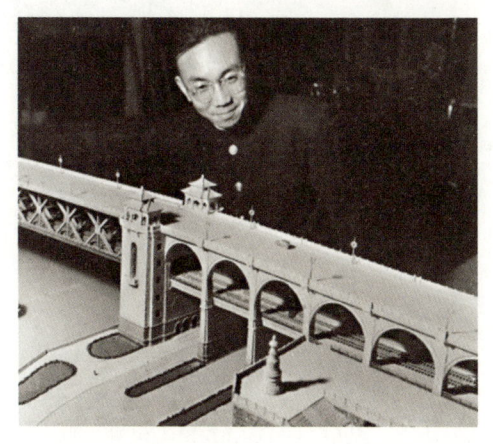

△ 唐寰澄在观看他设计的并被周恩来总理选定的武汉长江大桥美术设计方案模型

第10章 天际线那边的一抹彩虹，叹服大桥上的美学艺术

案的图样都呈送国务院审批。周恩来总理查看了送来的武汉长江大桥全部美术设计方案后，当即拍板选定了唐寰澄设计的第25号方案。因此，这套方案又被人们称为"周总理亲定的方案"。

这个经周恩来总理亲自选定的、由中国年轻的结构工程师唐寰澄设计的武汉长江大桥美术设计方案既保持了中国传统造桥风格，又有一定程度的创新。正如唐寰澄所说，这个方案的优势体现在大桥的引桥以民族形式的锅底券高拱配合正桥的菱格形钢梁，桥头堡的宽度不超过正桥钢梁的高度以求全桥比例的协调。唐寰澄在《桥》中说道，桥梁美不美，主要应突出正桥。正桥的选型，确定了桥梁总的形式基调，其他都是从属于正桥的。唐寰澄特别提到，他1955年在应征方案中表达的想法是："桥梁本身的艺术形象，权衡比例配置恰当，具有雄伟的外形，本身便是一座纪念性的建筑物。将纪念性的建筑物或庞大的纪念性的塔、柱等设置在桥上是不必要的。把纪念性的建筑物移至桥的外面去，既单独的存在又和桥梁配合，从桥上就可以瞭望纪念性的建筑物，从纪念性的建筑物也可以眺望桥梁，相互呼应，同时可以各自按独具的艺术风格来处理，不必要集众美于一身。否则，反而会相互牵制，不能照顾到不同性质建筑物的艺术要求。"而且，唐寰澄还提出了适宜设置纪念性建筑物的地方，如汉阳的晴川阁旧址和武昌蛇山的山头。他曾设想在晴川阁建造民族形式的阁楼，并用跨线桥将晴川阁与龟山联系起来，使整个桥头由晴川阁、龟山、武汉长江

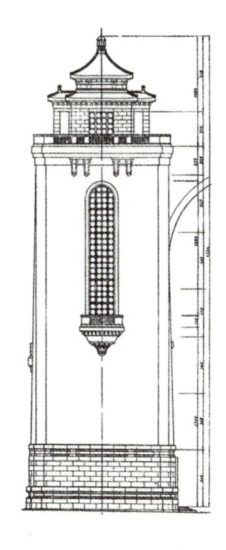

△ 武汉长江大桥桥头堡正立面图

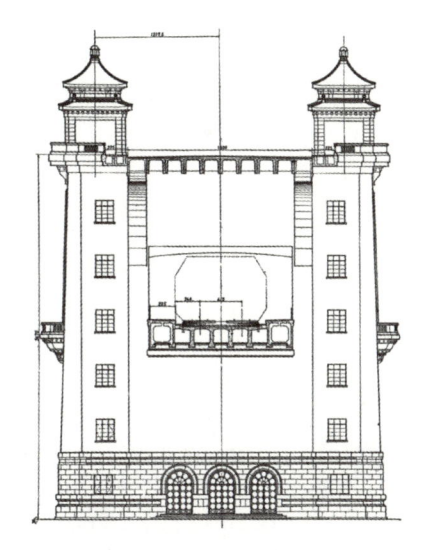

△ 武汉长江大桥桥头堡双立面图

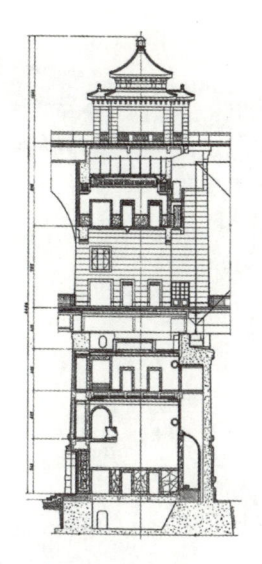

△ 武汉长江大桥桥头堡纵向中心剖面图

△ 武汉长江大桥桥头堡内部透视图

第 10 章 天际线那边的一抹彩虹，叹服大桥上的美学艺术 183

大桥、莲花湖共同组成美丽的风光景观区。

　　武汉长江大桥公路桥人行步道两侧还设有齐胸高对称的护栏花板。这些护栏花板也做了很好的艺术化处理，加入了许多中国传统元素，用了多种花卉和虫鸟图形来展现自然与人的和谐共处。这些护栏花板上的图案多取材于中国民间传说或神话故事，如"孔雀开屏""鲤鱼戏莲""喜鹊闹梅""玉兔金桂""松鼠葡萄"等，极富中华民族艺术特色。

　　武汉长江大桥的艺术设计，经过著名设计者精心打磨，凸显了武汉长江大桥上的美学特点，着实令人叹服。时至今日，到武汉长江大桥参观游览的人仍会在这些精美的雕花栏板旁流连忘返、

△ 武汉长江大桥公路桥人行步道旁的雕花栏板

△ 武汉长江大桥公路桥人行步道旁的雕花栏板的细节展示

拍照留影。

在谈到大型桥梁桥头建筑的美学作用时,唐寰澄把武汉长江大桥与南京长江大桥进行了比较后说道:"桥梁美不美,主要应突出正桥。正桥的选型,确定了桥梁总的形式基调,其他都是从属于正桥的。武汉和南京长江大桥都是等跨平弦连续梁,两者都是菱格形腹杆,正桥都没有较为突出的结构造型。用较高的代价以桥头建筑来突出桥梁的建筑艺术,侧重上未免有偏差。武汉长江大桥和南京长江大桥在正桥桁式上是类似的结构,因此,即使桥头建筑不相同,仍做不到与武汉长江大桥大不相同的要求。"

从1957年武汉长江大桥建成至今的60多年实践中可看出,当年唐寰澄设计的,突出了中国元素的武汉长江大桥美术方案,不仅适应当时的年代,遵循了既经济实用又美观漂亮的原则,而且经得住历史的考验。武汉长江大桥建成的60多年来的实践证明,他设计的武汉长江大桥桥头堡是一个经典之作。

△ 武汉长江大桥正桥钢梁的菱格型结构和引桥的钢筋混凝土拱形结构通过桥头堡的连接显得相得益彰

站在武汉长江大桥的观景平台上环顾四周，可以将已经连为一体的武汉三镇尽收眼底，长江与汉江在不远处交汇，客货江轮在桥下穿梭而过，一派繁荣的景象。

到1957年年底，中国第一个五年计划期间，我国铁路交通方面的重要成就包括全国铁路通车里程达到29862千米，比1952年增加了22%。新建铁路33条，恢复铁路3条，新建、修复铁路干线、复线、支线总长约1万千米。先后建成宝成铁路（宝鸡—成都）、鹰厦铁路（鹰潭—厦门）、武汉长江大桥等。中国国家画报——《人民画报》的1957年第12期以建成不久的武汉长江大桥彩色照片为封面，形象地展现了我国"一五"计划期间基础设施建设取得的伟大成就。

建成后的武汉长江大桥使武汉三镇连为一体，极大地促进了武汉及周边区域的发展，不仅改变了民众的出行和生活方式，还成为武汉市著名的城市地标。武汉长江大桥是中国第一座在长江上建造的铁路公路两用特大桥，其桥梁总体造型设计美观、经济实用。夕阳下，武汉长江大桥的身影宛如天际边的一抹彩虹，格外引人注目。

武汉长江大桥是唯一曾三次出现在中国邮票上的大型桥梁：第一次出现在1957年10月1日邮电部发行的《武汉长江大桥》纪念邮票上；第二次出现在1959年10月1日发行的《中华人民共和国成立十周年（第三组）》纪念邮票中第4枚主画面中；第三次出现在1976年7月16日发行的《到大江大海去锻炼》

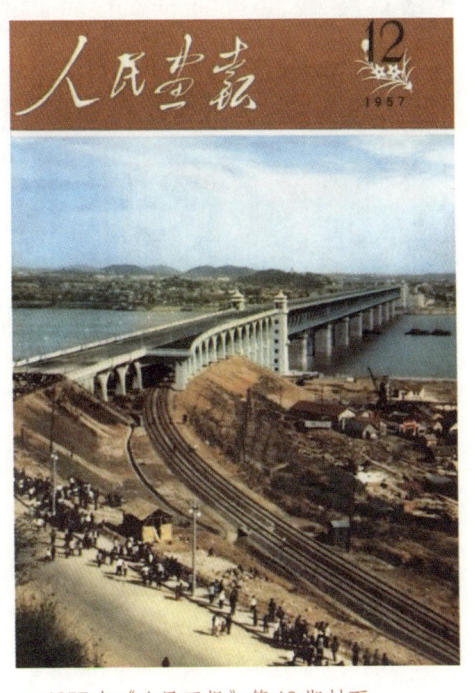

△ 1957年《人民画报》第12期封面

第10章 天际线那边的一抹彩虹，叹服大桥上的美学艺术　187

△ 夕阳下武汉长江大桥的身影宛如天际的一抹彩虹

△ 1957年10月,为纪念武汉长江大桥建成,中国人民邮政发行了《武汉长江大桥》纪念邮票

纪念邮票第2枚主图和背景中。

此外,1957年10月,长江文艺出版社出版了《武汉长江大桥》,以照片和绘画等艺术手法描绘了武汉长江大桥的建设情景。这本画册是中国较早记录武汉长江大桥的摄影绘画集。1958年11月,人民铁道出版社出版了由武汉大桥工程局局长彭敏所著的《武汉长江大桥》。用文字和大量照片、图纸系

统介绍了武汉长江大桥的建设过程。这是我国第一部由建桥当事人所著的武汉长江大桥的书刊。从1957年10月到1960年7月的近3年时间内，就有多家摄影厂、图片社先后拍摄、印制了武汉长江大桥的影集，积极宣传了中华人民共和国这一伟大的建设成就。如由在汉口的中国摄影图片社摄制的《万里长江第一桥——武汉长江大桥影集》；公私合营*的雅光照相馆拍摄印制的同名影集；国营长虹摄影图片社拍摄印制的《伟大祖国的伟大社会主义建设——武汉长江大桥影集》；在汉阳的国营和平图片摄制厂拍摄印制的由15幅黑白照片组成的《武汉长江大桥影集》等。这些影集都配有简短的武汉长江大桥介绍文字。虽然，这些影集中的作品的艺术性不是最高的，但真实地展现了武汉长江大桥的宏伟、壮丽。而且，当年拍摄这些照片时，武汉长江大桥两岸还没有那么多的高楼大厦和电视塔等，所以，拍出的照片几乎没有什么遮挡，

* 1954年9月2日，中央人民政府政务院召开第223次政务会议，通过了《公私合营工业企业暂行条例》。条例规定：对资本主义企业实行公私合营，应当根据国家的需要、企业改造的可能和资本家的自愿。合营企业中，社会主义成分居领导地位，私人股份的合法权益受到保护。1956年年初，全国范围出现社会主义改造高潮，资本主义工商业实现了全行业公私合营。国家对资本主义私股的赎买改行"定息制度"，统一规定年息5厘。生产资料由国家统一调配使用。1966年9月，定息年限期满，公私合营企业最后转为社会主义全民所有制。公私合营是中华人民共和国对民族资本主义工商业实行社会主义改造所采取的国家资本主义的高级形式。大体上经过个别企业的公私合营和全行业公私合营两个阶段。

真实地还原了武汉长江大桥建成初期的历史面貌。1962年4月，武汉长江大桥的图案还进入了中国人民银行发行的第三套人民币贰角券的主题背景。1965年12月，铁道部展览工作处（今中国铁道博物馆）编印了《武汉长江大桥》一套10张的彩色明信片对外发行。

武汉长江大桥的建造得到了苏联政府和苏联桥梁专家的帮助和技术支持，这一历史事实已载入史册。在中苏关系破裂后苏联单方面撤走了全部专家，建设武汉长江大桥的后续工作由茅以升领导的包括桥梁专家罗英、水利工程专家陶述曾、桥梁学家李国豪、力学家张维、古建筑学家梁思成等组成的中国专家组继续完成。

△ 1957年10月由中国摄影图片社摄制的《万里长江第一桥——武汉长江大桥影集》

△ 由国营和平图片摄制厂拍摄印制的《武汉长江大桥影集》封面

△ 以武汉长江大桥为主图印制的第三套人民币贰角券

△ 1965年12月，由原铁道部展览工作处拍摄印制的"武汉长江大桥"明信片

这个专家组是一支会聚了国内顶级专家的技术团队，他们在武汉长江大桥建设的各个阶段发挥了重要的作用。中国专家对武汉长江大桥修建的贡献永远无法磨灭。

第10章　天际线那边的一抹彩虹，叹服大桥上的美学艺术

红色工业

第 11 章
CHAPTER ELEVEN

长江大桥的功劳与作用，
"桥坚强"真不是吹出来的

我国的桥梁设计和建造技术有着悠久的历史。从造桥材料看，有古代的木桥、竹桥、藤桥、石桥，有近现代的钢桥、钢筋混凝土桥等。从桥梁的结构形式看，有索桥、拱桥、梁桥、悬索桥、斜拉桥等。很多桥的建造都达到了世界水平，有着高超的精巧设计和精良的建造水平。武汉长江大桥的设计建造，是为实现几代人的梦想与期盼，是一个时代的象征。

武汉长江大桥的建设凝聚着设计者的匠心独运及建设者精湛的工艺技术。正是武汉长江大桥所具有的令人瞩目的特点，如今几乎每天都有数以千计的市民和游人徒步穿过武汉长江大桥，欣赏壮阔的长江浪潮、壮丽的武汉长江大桥建筑设计及大桥周边的景色。

武汉长江大桥作为中华人民共和国成立后修建的第一座铁路、公路两用大桥，堪称国之重器。它的功劳与作用不言而喻，这里

△ 建成后的武汉长江大桥公路桥

第11章 长江大桥的功劳与作用，"桥坚强"真不是吹出来的　195

把武汉长江大桥的功劳与作用归结为以下几个方面。

第一，大桥的建成是中国共产党领导下的工人阶级发扬自力更生、艰苦奋斗精神，为中国的经济建设谱写的光辉的篇章。是中国人民敬畏自然、尊重科学、勇于创新及中苏两国工程技术人员团结协作的国际主义精神的典范。

第二，大桥的建成使原先已建成但被长江阻隔的京汉铁路与粤汉铁路连接为一体。联通后的京汉铁路与粤汉铁路合称京广铁路（北京—广州），成为连接我国大江南北广大地区的交通大动脉。

第三，大桥的建成把武汉三镇连为一个整体。武汉自形成三镇的格局，多少年来一直是分而治之，各自为政。而武汉长江大桥的建成，使武汉三镇真正成为一个整体，不仅三镇的市内交通得到改善，而且促进了三镇民众的融合。

第四，建造武汉长江大桥为国家培养了大批人

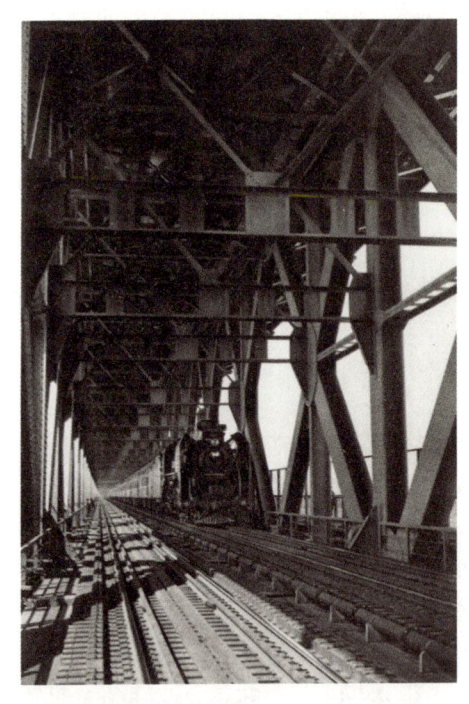

△ 武汉长江大桥建成后，京广铁路的过江列车行驶在大桥的铁路桥上

才，造就了一支中国桥梁建设的国家级队伍。中华人民共和国的桥梁建设，特别是特大型桥梁的建造，基本上是从零起步。为建造武汉长江大桥，在中华人民共和国成立之初，中央人民政府政务院就作出决定，指定国家8个部门各自有各自培养桥梁人才的目标与任务。尤其是武汉大桥工程局的设立，以及在武汉长江大桥建设过程中，更是培养和历练出一大批桥梁建设人才。

第五，武汉长江大桥的建成为我国国民经济和社会发展创造了无法估量的价值。大桥建成后，以桥为品牌的商品、产品层出不穷。当年，在武汉长江大桥通车前夕，在地方报纸《长江日报》上刊登祝贺武汉长江大桥通车的"大桥牌"产品就有12种之多。武汉长江大桥建成通车后，又涌现一批以大桥为品牌的"大桥牌"产品。据不完全统计，1953—1983年的30年间，有多达36种"大桥牌"产品在《长江日报》上刊登广告。

第六，武汉长江大桥的建成改变了城市格局，带动了城乡建设。武汉长江大桥的建成直接改变了大桥周边区域的原有格局。原汉阳龟山与凤凰山相连的山地，被削为平地并建起街心花园和公园。因修建武汉长江大桥，汉阳不仅通了铁路，还修建了火车站，使汉阳不通火车的状况成为历史。

第七，武汉长江大桥的建成彰显了中国人民自强不息的民族气概，使它成为我国对外交往、增进国际友谊的桥梁。从武汉长江大桥规划设计起，它就吸引了世界的目光，大桥的建造见证了中苏两国专业技术人员对大桥的杰出贡献。大桥建成后，前来武汉参观的国际友人络绎不绝，这些国际友人包括国家元首、政府首脑、参众两院议长等。其他以游客身份前来参观游览的外国朋友更是不计其数。

2011年，在中国共产党成立90周年之际，由中共中央党史研究室编写的《中国共产党的九十年》三卷本中的《社会主义革命和建设时期》中，在"党的八大后的进一步探索和'一五'计划的完成"内容中，阐述中国第一个五年计划所取得的成就时，特别提到武汉长江大桥的建设。并附有武汉长江大桥建成通车场面的照片。

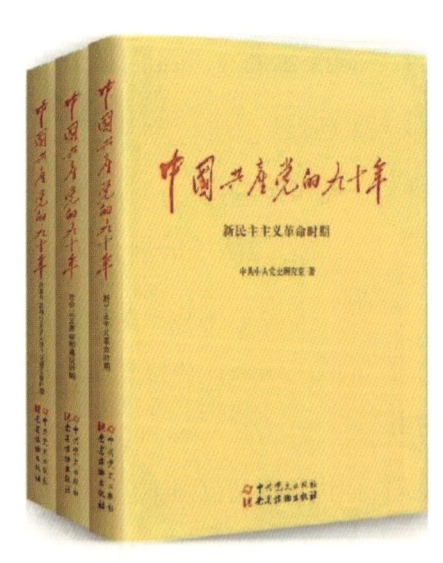

△ 2011年出版的《中国共产党的九十年》三卷本

从2011年建党90周年，到2021年建党100周年的10年间，中国社会发生了许多重大变化。在以习近平同志为核心的党中央的领导下，中国已成为世界第二大经济体。我国的工业、农业、国防、交通、科技、教育等都有了飞速发展。武汉长江大桥作为中国的第一座铁路、公路两用跨江大桥，它的名字已经深深铭刻在中国共产党在中国领导中国人民战胜各种艰难险阻，建设社会主义所取得的伟大成就的历史丰碑上。

作为国之重器，武汉长江大桥的安全设计也十分重要。为此，中苏两国专家组成桥梁检测队，对武汉长江大桥的铁路桥和公路桥的各种载荷进行了静态和动态技术测试，例如，预设模拟大桥在设计中以极端环境为标准，假设两列双机牵引的列车以最快速度同向开至铁路桥中央，并同时紧急刹车；而在同一时刻，公路桥上满载的汽车以最快速度行驶，也同时紧急刹车；桥梁的抗冲击能力还是稳定的。另外，还预设模拟此时的长江上刮起大风暴、武汉地区发生较大强度的地震、江中有载重 500～1000 吨的船舶以水平冲击力撞击桥墩等情况，武汉长江大桥仍有足够的承受能力。专家们经过对大桥的反复检测认为，武汉长江大桥的各项技术状态均属正常，可以放心地投入使用。

武汉长江大桥从 1957 年 10 月建成至今已有 60 多年的桥龄。早已过了"花甲之年"的大桥已经超期服役多年，比大桥原定的 50 年的设计寿命长了多年，而且它还在继续服役。大桥的铁路桥上仍然是列车穿梭、车轮滚滚，公路桥上仍然是车辆川流不息、人员络绎不绝。大桥的风华依然是那么精美绝伦。没有哪一座大桥，有着武汉长江大桥般厚重的人文底蕴，承载着如此多的光荣与梦想。60 多年来历经了风雨沧桑的武汉长江大桥，巍然挺立在长江岸边。在这 60 多年中，武汉长江大桥经受了无数次洪水、大风的考验。还经受了多次大小船舶的撞击。有些碰撞桥墩的船舶在撞击大桥桥墩后翻沉江底，而大桥却岿然不动。例如，2011年6月6日，武汉长江大桥发生了一次船舶撞击事故，一艘万吨游轮撞上了大桥的7号桥墩，这是武汉长江大桥建成后发生的最严重的一起撞击事件。但桥墩遭游轮撞击后，经当地海事部门和相关部门检查，大桥7号桥墩西侧只是留有明显的白色和黑色擦痕，除此之外无其他问题。再如，2014年1月2日，大桥被一艘装载着5000吨砂石的驳船撞击，大桥的8号桥墩和桥体依然安然无恙，但是驳船的船体触碰桥墩后却破裂进水。武汉长江大桥自通车运营以来，正桥桥墩高程几乎没有发生变化，桥墩位置也无异动，管柱基础稳定良好，由此看来，它真是一座了不起的大桥。

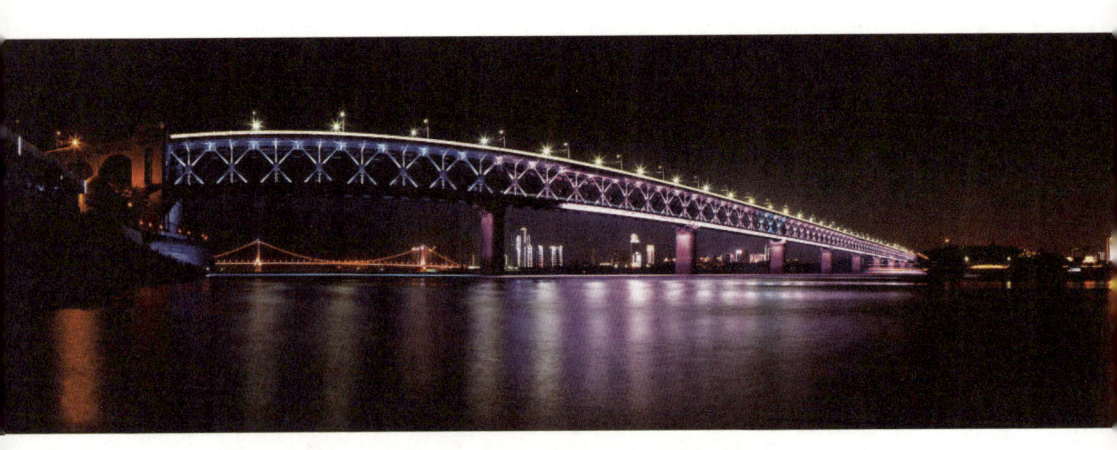

△ 如今的武汉长江大桥在夜晚照明灯光的映衬下更显壮观靓丽

桥墩是桥梁的基础，桥墩不仅要抵御洪水、地震、大风，还要防止船舶的碰撞。大桥的桥身要接受来自各个方向的压、弯、扭、拉等形式受力。因此，对大桥各方面的维修养护就显得十分重要。

武汉长江大桥自建成以来，曾于1957年、1967年、1977年进行了几次钢梁检查测定，从这几次检查测定的数据可以看出，桥梁的应力、震动、位移等情况基本一致，没有发生显著变化，桥梁技术状态良好。20世纪70年代，铁路桥的钢轨、轨枕、扣件等都进行了更新。1970年，在引桥钢筋混凝土T梁上，换铺了混凝土轨枕板，并在钢轨与混凝土轨枕板之间用了弹性扣件，增强了铁路桥的柔韧性和稳定性。1971年，铁路桥换铺了50千克/米的钢轨无缝线路，降低了列车通过大桥时产生的震动与噪声。同年还更换了温度调节器。1971年，将原有的弯折型温度调节器更换为折线型温度调节器，1972年又更换为曲线型温度调节器。

多次检测的结果表明，武汉长江大桥全桥并没有变位下沉，各桥墩仍可承受6万吨的压力，并可抵御10万立方米/秒的水流量、5米/秒流速的洪水水流，可抵御8级以下的地震和强力的外部冲撞，正桥钢梁上的百万颗连接铆钉没有任何松动。足见武汉长江大桥的建造质量过硬。

2002年8—9月，武汉长江大桥进行了建桥以来的首次大修，这次大修涉及桥面防渗漏、钢梁防锈蚀、公路桥路灯改造、路面重铺等项目。2007年，在武汉长江大桥建成通车50周年之际，中国科学院等单位的专家对大桥进行测评，得出的结论是，这座大桥的使用寿命至少在100年以上，这是极其令人振奋的消息。2014年3月，武汉长江大桥公路桥上安装了城市视频监控设备，对公路桥桥面上来往的机动车辆进行违法抓拍记录。

2016年4月，武汉长江大桥上安装了地磁传感器，以此来精准监测通过大桥公路桥的过江机动车流量。这些高科技设备的使用对大桥的整体安全具有重要意义。

2018年6月中旬，武汉长江大桥建成通车60周年，铁路部门对大桥铁路桥进行了首次更换钢轨的施工作业，施工由武汉工务大修段、武汉电务段、武汉桥工段等单位负责。他们充分利用6月13—15日的3天时间，在每天中午2个小时的"天窗"*期作业时间内，对武汉长江大桥铁路桥下行1.2千米区段的钢轨进行了更换，此项换轨作业不影响公路桥桥面的机动车辆通行和铁路桥上铁路列车在"天窗"期前后的正常运行。

武汉长江大桥建成后，国家对这座大桥的宣传、评价几乎没有停止过。多年来，有关部门以出版图书、印制画册、制作宣传画、拍摄电影、电视片等形式宣传武汉长江大桥。除此以外，还衍生出许多绘画、剪纸、摄影、文学、音乐等艺术作品。

* 天窗指铁路部门在列车运行的间隙，为铁路线路施工作业预留的空闲时间，在这一空闲时间内，不安排铁路列车在施工区间运行。

△ 1957年，为纪念武汉长江大桥建成通车制作的彩色宣传画

如武汉长江大桥通车当天，由武汉市文化局、中国音乐家协会武汉分会联合举办了武汉长江大桥音乐会，我国著名女高音歌唱家王昆*还在现场演唱歌曲。还有些个人收藏者珍藏了成百上千件与武汉长江大桥相关的物品。这些都说明武汉长江大桥在人们心中的地位。

1957年10月武汉长江大桥建成通车后，在中国的长江流域，又陆续建成了多座长江

* 王昆，出生于河北省唐县，歌剧表演艺术家，著名女高音歌唱家。歌剧《白毛女》中"喜儿"的第一任扮演者。第五、第六、第七、第八届全国政协委员。1989年中国首届金唱片奖的获得者，20世纪90年代被评为全国文化系统先进工作者。1982年任东方歌舞团艺委会主任、东方歌舞团团长。获得国家颁发的金质奖章。

第11章　长江大桥的功劳与作用，"桥坚强"真不是吹出来的

△ 为纪念武汉长江大桥建成制作的剪纸作品

大桥，这些长江大桥的建成极大地改善了当地的交通状况，人们出行更加方便。这些长江大桥的建造还推动了当地及周边经济的发展，促进了人、物的流动与集散。1957年，毛泽东主席第三次来到武汉长江大桥施工现场视察时，曾对随行人员和大桥施工人员说道：我们"要在长江、黄河上修建几十座桥，到处都能走"。现在，毛泽东主席当年的心愿已经实现。截至2019年年底，据不完全统计，在我国长江上已经建有101座越江大桥（含4座越江隧道及隧桥相连结构体），黄河上也架设了多座桥梁。这些建在长江、黄河上的桥梁中，除

△ 由武汉市文化局、中国音乐家协会武汉分会联合举办的武汉长江大桥音乐会宣传单

了传统的桁架桥、钢梁桥、钢筋混凝土桥，还出现了更多造型新颖、美观的斜拉桥、悬索桥等，很多造型新颖的大桥，由于造型独特，还成了当地的地标建筑。这些桥梁中，既有专门的铁路桥、公路桥，也有铁路、公路两用桥。

中华人民共和国成立初期，我国的科学技术水平远不如现在发达。自动化、信息化、智能化程度也远不如现在。但中国的桥梁建设者凭借扎实的基本功、勇敢的奋斗精神、自力更生的拼搏精神及勇于担当重任的勇气，从武汉长江大桥建造之初就开始让中国造的桥梁不断迈向新的高度，实现新的突破和跨越。

作为万里长江第一桥，建造武汉长江大桥仅是一个开端、一个起步，我国在长江上建桥的脚步根本停不下来。现在在长江干流流经的省市，如泸州、宜宾、重庆、湖北、江苏、安徽、九江等地建设了诸多有特色、令人瞩目的长江大桥。可以肯定地说，长江上大桥的家族成员还会不断增加，我国的建桥记录还会不断被刷新，中国设计建造的桥梁在世界上已成为中国创造的亮丽名片。

众所周知，"全国重点文物保护单位"是我国对不可移动文物所核定的最高保护级别。武汉长江大桥作为中华人民共和国成立后在长江上建设的第一座铁路、公路两用大桥，建设它的意义尤为重大。武汉长江大桥的遗产价值主要表现在五个方面：①它具有见证中国经济建设成就的重要历史价值。②它具有东方建筑美学的文化精髓和艺术价值。③它具有体现当时中国桥梁设计建造最高水准的科学价值。④它具有连通祖国大江南北的京汉铁路与粤汉铁路的实用价值。⑤它具有凝聚了无数国人征服长江天险梦想的精神价值。

  这里着重说一下武汉长江大桥的技术史价值。武汉长江大桥作为中华人民共和国建造的第一座大桥,是中国桥梁建筑史上的一座丰碑。它的建成,已经表明中华人民共和国完全有信心、有能力建造现代化的大型桥梁。长江大桥在规划、勘测、设计、施工各阶段都体现了中国人民具有高超的智慧与奋斗精神,是一个成功的工程范例。虽然有苏联专家的帮助,但我国工程技术人员能够把苏联专家建议的桥墩深水基础施工新方法洋为中用,使这一方法更适合长江的地质、水文条件,并通过反复试验后取得成功。在建设武汉长江大桥的过程中,继李文骥、梅旸春、汪菊潜、茅以升、罗英等桥梁专家之后,又培养、锻炼出一批我国桥梁技术界杰出的后继人物,如唐寰澄、赵煜澄等。不仅使他们在武汉长江大桥建设过程中发挥才干,而且为国家后续的桥梁建设继续贡献力量。这些都是武汉长江大桥技术史价值的体现。

  正因为武汉长江大桥符合《中华人民共和国文物保护法》第一章第二条第二款"与重大历史事件、革命运动或者著名人物有关的以及具有重要纪念意义、教育意义或者史料价值的近现代重要史迹、实物、代表性建筑"的规定,具有《中华人民共和国文

△ 武汉长江大桥在2013年5月被确定为全国重点文物保护单位后的名牌

物保护法》第一章第三条中对不可移动文物规定的"历史价值、艺术价值、科学价值"。国家给予武汉长江大桥"不可移动文物"和"近现代重要史迹、实物、代表性建筑"的地位与评价。2013年5月,武汉长江大桥作为近现代重要史迹和代表性建筑,被国务院核定公布为第七批全国重点文物保护单位,使这座大桥成为我国近现代重要史迹和代表性建筑中最年轻的铁路遗产和建筑遗产。

2016年9月,工业和信息化部公布的首批中国20世纪建筑遗产入选名录中武汉长江大桥入选。

2018年1月,中国科学技术协会公布的首批100项中国工业遗产保护名录中武汉长江大桥入选。

武汉长江大桥是一个时代的标志,是几代人的梦想和记忆。在本书的故事即将结束的时候,大家是否已经通过本书的介绍,了解到近现代的中国在清朝政府、北洋政府、国民政府等旧政权统治时期,都未能实现的武汉长江大桥建设工程,却在中国共产党领导的中华人民共和国、在这个有担当、敢作为的人民政府的领导下,才得以快速成为现实的历史过程。

至此,武汉长江大桥的故事就结束了。但是有关武汉长江大桥的故事还有很多很多,仅凭一部书是写不完的,有待大家后续亲自发掘。

[10] 唐寰澄. 中国科学技术史（桥梁卷）[M]. 北京：科学出版社，2000.

[11]《滕代远传》写作组. 滕代远传[M]. 北京：解放军出版社，2004.

[12] 宓汝成. 帝国主义与中国铁路1847—1949[M]. 北京：经济管理出版社，2007.

[13] 严介生. 清末铁路三大悲剧人物[M]. 北京：中国铁道出版社，2009.

[14] 瑞宁. 武汉铁路百年[M]. 武汉：武汉出版社，2010.

[15] 杜胜熙，赵妮娜，米金生. 长江桥[M]. 上海：生活·读书·新知三联书店，2013.

[16] 彭小华. 品读武汉工业遗产[M]. 武汉：武汉出版社，2013.

[17] 郑曦原. 帝国的回忆——《纽约时报》晚清观察记1854—1911[M]. 李方惠，胡书源，郑曦原，译. 北京：当代中国出版社，2018.

[18] 郑明桥. 一桥飞架——记"万里长江第一桥"武汉长江大桥[N]. 经济日报，2018-02-07.

[19] 梅兴无. "长江第一桥之父"，西林的中国情怀[J]. 同舟共进，2019（2）.

[20] 李希，李志伟. 默默传奇——中国桥梁专家李文骥. 2020.

参考文献

[1] 铁道部新建铁路工程局,武汉大桥工程局.武汉长江大桥（工程建设）[M].北京：人民铁道出版社,1957.

[2]《桥梁史话》编写组.桥梁史话[M].上海：上海科学技术出版社,1979.

[3] 唐寰澄.桥[M].北京：中国铁道出版社,1981.

[4] 茅以升.中国古桥技术史[M].北京：北京出版社,1986.

[5]《中国铁路桥梁史》编委会.中国铁路桥梁史[M].北京：中国铁道出版社,1987.

[6]《当代中国的铁道事业》编委会.当代中国的铁道事业（上）[M].北京：中国铁道出版社,1990.

[7] 中国铁路编辑研究中心.中国铁路大事记[M].北京：中国铁道出版社,1996.

[8] 武汉铁路分局志编纂委员会.武汉铁路分局志[M].北京：中国铁道出版社,1998.

[9] 武汉市档案馆,武汉市博物馆.武汉旧影[M].北京：人民美术出版社,1999.